PETRA ALTMANN

Abstand vom Alltag

DREI TAGE
KLOSTER ZU HAUSE

W0109151

PETRA ALTMANN

Abstand vom Alltag

DREI TAGE KLOSTER ZU HAUSE

BISCHÖFLICHES ORDINARIAT
HA II / Bücherfachstelle
Große Pfaffengasse 13
67346 Speyer

2011/2170

Bibliographische Information der Deutschen Bibliothek

Die Deutsche Bibliothek verzeichnet diese Publikation in der
Deutschen Nationalbibliographie; detaillierte bibliographische Daten
sind im Internet über http://dnb.ddb.de abrufbar.

© 2011 by Sankt Ulrich Verlag GmbH, Augsburg
Alle Rechte vorbehalten
Titelbild: © Bernd S. - Fotolia.com, © Vladimir Voronin - Fotolia.com
Umschlaggestaltung: uv media werbeagentur
Mediengruppe Sankt Ulrich Verlag, Augsburg
Bilder Innenteil: S. 112/113: Photocase.com, alle anderen: Fotolia.com
Druck und Bindung: Bercker Graphischer Betrieb GmbH & Co. KG, Kevelaer
Printed in Germany
ISBN 978-3-86744-169-8
www.sankt-ulrich-verlag.de

Inhalt

Vorwort

Abstand vom Alltag braucht jeder von uns. Immer wieder einmal ist es notwendig und wichtig, aus dem gewohnten Hamsterrad auszusteigen und sich eine kleine Auszeit zu gönnen. Etwas Ungewöhnliches auszuprobieren, vielleicht die ein oder andere Idee für eine Unternehmung in die Tat umzusetzen, sich einfach etwas Gutes zu gönnen. Das ist Balsam für Körper, Geist und Seele.

Es müssen nicht immer große Ferien sein, um wirklich Distanz zu den täglichen Anforderungen zu bekommen. Ein Jahresurlaub benötigt oft sehr frühzeitige Absprachen und langfristige Planungen. Eine kurze Auszeit dagegen ist oft rascher in die Tat umzusetzen. Und manchmal profitiert man von einem sorgfältig geplanten und vorbereiteten „Kurzurlaub" mehr als von einer längeren Auszeit, in der man die Tage verstreichen lässt.

„Kloster zu Hause" ist für viele wahrscheinlich eine ungewöhnliche Art, seine freien Tage zu verbringen. „Kloster zu Hause" meint nicht, sich komplett abzuschotten von der Außenwelt, sondern klösterliche Elemente einmal in den eigenen vier Wänden auszuprobieren. Dies kann ein echtes Abenteuer sein.

Klösterliches Leben basiert auf Traditionen, die oft Jahrtausende alt sind. Das Schweigen, die Stille, die Meditation, der

Tagesrhythmus beispielsweise sind Impulse, von denen auch wir in unserem Alltag profitieren können. Riten haben etwas Heilsames und geben den Menschen Halt.

In diesem Band habe ich eine ganze Palette von Möglichkeiten zusammengestellt, wie man seine kurze Auszeit planen und gestalten kann. Dies können Anregungen für Sie sein, auch einmal Außergewöhnliches zu wagen. Wer wagt, gewinnt. Und vielleicht ziehen Sie Ihren Gewinn daraus, indem Sie etwas entdecken, was Ihnen nicht nur in Ihrer Auszeit gut tut, sondern auch gewinnbringend in Ihren Alltag zu integrieren ist.

Natürlich darf man seine Erwartungen nicht zu hoch hängen. Sie werden Ihr Leben nicht von heute auf morgen umkrempeln können. Aber drei Tage Abstand vom Alltag können immerhin ein erster Schritt auf dem Weg sein, den Alltag immer wieder einmal von außen zu betrachten und Korrekturen vorzunehmen. Gönnen Sie sich daher regelmäßig solche Tage – ohne schlechtes Gewissen. Machen Sie sie zur festen Einrichtung in Ihrem Leben.

Es ist wichtig, sich selbst regelmäßig Gutes zu tun, dann sieht man die Welt wieder mit anderen Augen. In diesem Sinne wünsche ich Ihnen, dass es Ihnen gelingt, Abstand vom Alltag zu finden, und Sie sich auch einmal darauf einlassen, das „Kloster zu Hause" auszuprobieren.

Dr. Petra Altmann

I. Der richtige Zeitpunkt

Was erwarte ich mir eigentlich von einem „Rückzug" in die eigenen vier Wände?

Ein Ziel ist ganz wichtig. Denn wer keine genaue Idee davon hat, was er sich eigentlich von ein paar Tagen Rückzug aus dem Alltag erwartet, wird möglicherweise enttäuscht sein. Denn es könnte passieren, dass die freien Tage einfach so vergehen, ohne dass man sie in einer für sich selbst optimalen Form genutzt hat. Dann wäre die Enttäuschung vermutlich groß. Deshalb sollte die erste Frage sein: Was erhoffe ich mir von dieser kurzen „Auszeit"?

Die Antworten auf diese Frage können sehr vielfältig sein. Manch einer, der im Alltag einem engen Zeitkorsett unterworfen ist, möchte vielleicht einfach nur ausspannen, lange schlafen, lesen, faulenzen, in den Tag hineinleben. Das wäre dann sozusagen ein Gegenentwurf zum hektischen Alltagsprogramm.

Der andere möchte in die Stille eintauchen, in sich gehen, Klarheit gewinnen zu Fragen, die ihn in der momentanen Lebensphase bewegen. Für einen solchen Menschen könnte der Abstand zum Alltag die Möglichkeit bieten, sich mit seinen Problemen auseinanderzusetzen und Entscheidungen für die Zukunft zu treffen.

Der Dritte erhofft sich von dieser Ruhephase beispielsweise, seelischen Ballast zu analysieren und loszuwerden. Das wäre ein „Abspecken" im übertragenen Sinn sozusagen, das durchaus auch mit einem körperlichen Abspecken einhergehen kann. Denn man könnte diese Tage auch für eine kurze Fastenphase nutzen.

Eine Möglichkeit wäre auch, im Sinne der heiligen Teresa von Avila seinem Körper Gutes zu tun, damit die Seele Lust hat, darin zu wohnen. Ein Wellnesswochenende wäre dann angesagt, an dem man sich pflegt, gesund ernährt, aber auch etwas für die mentale Wellness tut. Denn schon die Ordensväter wussten, dass Körper, Geist und Seele eine Einheit bilden.

Möglicherweise kann auch der Sinn eines solchen Wochenendes für den Einzelnen aus einer Kombination der genannten Komponenten bestehen.

Was auch immer man sich vornimmt, diese Zeit sollte gut vorbereitet sein. Denn dies sind Tage, die man sich selbst gönnt. Deshalb denken Sie bei der Planung daran: Dies ist keine Pflichtveranstaltung, im Gegenteil, Sie machen sich mit diesen Tagen ein wertvolles Geschenk, auf das Sie sich freuen dürfen. Und dieses Geschenk soll nicht nur auf die „Auszeit" selbst beschränkt sein, sondern so lange wie möglich nachwirken können.

Eine Hilfe zur Vorbereitung kann ein kleiner Fragebogen sein, der unter anderem folgende Punkte enthalten sollte:

Welche Erwartungen habe ich an meine Zeit des Rückzugs?

Möchte ich meiner Seele Gutes tun und Ballast abwerfen?

Mit welchen belastenden Dingen möchte ich mich auseinandersetzen?

Möchte ich Klarheit in Bezug auf wichtige Entscheidungen finden?

Welche Entscheidungen stehen an, für die ich Zeit brauche?

....

....

Steht es im Vordergrund, etwas für meinen Körper zu tun?

....

....

Was ist mir dabei wichtig?

....

....

Was gönne ich meinem Geist?

....

....

Möchte ich meditieren, mich einer besonderen Lektüre widmen oder Musik hören?

....

....

Möchte ich am Ende dieser Tage ein konkretes Ziel erreicht haben?

....

....

Wie kann ich diese Zeit optimal gestalten, ohne mich zu übernehmen?

....

....

Oft ist es so, dass man mehr Klarheit gewinnt, wenn man etwas zu Papier gebracht hat. Zudem hat man so die Möglichkeit, am Ende der kleinen Auszeit zu überprüfen, inwieweit man seinen selbst gesteckten Zielen an diesem Wochenende nähergekommen ist. Auch später hat man die Chance, sich immer wieder einmal vor Augen zu halten, was einen in dieser betreffenden Phase beschäftigt hat. Und sei es nur, um sich daran zu erfreuen, dass man im Leben doch einige Schritte weitergekommen ist.

Eines ist allerdings wichtig: Nehmen Sie sich für diese kurze Zeit des Abstands vom Alltag nicht zu viel vor, denn dann könnten Sie unter Druck geraten und am Ende enttäuscht sein, wenn Sie Ihre Ziele nicht erreicht haben. Und Druck, den viele von uns im Alltag zur Genüge haben, soll eben in der kleinen Auszeit gerade nicht entstehen.

Wie lange soll die „Auszeit" dauern, und wo genau will ich sie verbringen?

Für viele Menschen ist Zeit ein knappes Gut, mit dem man haushalten muss. Die Urlaubstage sind gezählt und in der Regel für Unternehmungen mit der Familie, dem Partner oder Freunden reserviert. So reicht das verbleibende Budget an freien Tagen oft nicht, um den ganz persönlichen Rückzug aus dem Alltag zeitlich damit noch ausdehnen zu können.

Wer die Chance hat, Urlaubstage als „Kloster auf Zeit" in den eigenen vier Wänden zu nutzen, sollte sich glücklich schätzen und diese nutzen. Für diejenigen, die diese Möglichkeit nicht haben, ist ein Wochenende schon einmal ein guter Anfang. Freitagmittag bis Sonntagabend kann eine lange Phase sein, wenn man sie gut vorbereitet und nutzt. Und außerdem: Wer das Gefühl hat, dass ihm ein solches Wochenende gutgetan hat, kann ja auch weitere dieser Art planen und folgen lassen. Einmal jedes Vierteljahr oder wenigstens zweimal jährlich Abstand vom Alltag zu nehmen, wäre beispielsweise eine gute Idee, und dies ist auch ein Rhythmus, der realistischerweise für viele Menschen umzusetzen ist. Damit bleibt ein solches Wochenende ein besonderes Ereignis, aber kein einmaliges. Wer die „Auszeit zu Hause" lange im Voraus plant, schenkt sich selbst zusätzlich eine ausgedehnte Phase der Vorfreude.

Man sollte eine Zeitspanne wählen, in der man sicher sein kann, durch nichts und niemanden gestört zu werden.

Erst einmal sind Sie aber sich selbst verpflichtet. Überlegen Sie gut, ob Sie sich drei – oder vielleicht auch mehr – Tage Abstand vom Alltag wirklich gönnen wollen. Erst, wenn Sie davon überzeugt sind, nehmen Sie Ihren Kalender zur Hand und legen Sie die Phase frühzeitig fest. Wichtig ist es, dass Sie sich diesen Termin wirklich blockieren und Ihr Vorhaben nicht immer wieder verschieben. Den Urlaubstermin fixiert man ja in der Regel auch lange im Voraus. Häufig stimmt man sich zu Beginn des Jahres mit Kollegen ab und bucht seine Urlaubsreise langfristig. So wäre es beispielsweise eine Möglichkeit, gleich zu Jahresbeginn ein oder zwei Wochenenden festzulegen, die man nur sich selbst gönnt.

Wenn Sie Partner und/oder Familie haben, ist es notwendig, Ihr Vorhaben im Kreis Ihrer Lieben zu besprechen und sie in Ihre Pläne mit einzubeziehen. Erklären Sie ihnen, warum Sie ein paar Tage Abstand vom Alltag brauchen, denn schließlich wird es auch den Nächsten zugute kommen, wenn Sie erholt und gestärkt aus diesen Tagen in den Kreis der Familie zurückkehren. Ein weiterer wichtiger Aspekt ist, dass Partner und Familie Ihre Pläne unterstützen und diese nicht immer wieder zur Diskussion stellen. Mit Rückenwind aus den eigenen Reihen ist es in jedem Fall leichter, die kleine Auszeit auch wirklich durchzuführen und ohne schlechtes Gewissen genießen zu können. Wenn Sie kleine Kinder haben, brauchen Sie ohnehin die Unterstützung des Partners, denn er muss Ihren Part mit übernehmen und sich voll dem Nachwuchs widmen.

Die geeignete Jahreszeit

Bei der Planung sollte man sich überlegen, welche Zeit des Jahres am ehesten geeignet ist. Grundsätzlich ist es sinnvoll, eine Phase zu wählen, in der die berufliche und familiäre Beanspruchung nicht zu hoch ist. Es gibt beispielsweise berufliche Tätigkeiten, bei denen gerade vor Weihnachten besonderer Einsatz gefordert wird. Dann wäre es nicht sinnvoll, seine Tage der Auszeit in den letzten Wochen des Jahres zu planen, auch wenn dies zum Beispiel in den Klöstern traditionell eine Phase des Rückzugs ist, in der man sich auf Weihnachten, eines der kirchlichen Hochfeste, vorbereitet. Überlegen Sie, wann Sie erfahrungsgemäß ohne große Schwierigkeiten ein paar Tage freimachen können.

Wer zeitlich flexibel ist, sollte sich folgende speziellen Aspekte durch den Kopf gehen lassen, die vielleicht ein wenig Entscheidungshilfe bieten:

Das Frühjahr – ist die Zeit der Erneuerung.

Die Natur erwacht.
Die Tage werden länger.
Man kann sich wieder ausgedehnter draußen aufhalten.
Sportliche Betätigungen in der Natur, wie bspw. Radfahren, Walken und Wandern, sind in der Regel wieder ohne Einschränkungen möglich.
Man kann Pläne machen für die kommenden Monate und überlegen, wie man das Jahr gestalten möchte.

Der Sommer – liefert Energie für den Rest des Jahres.

Man kann sich von der Sonne verwöhnen lassen.
Baden in nahegelegenen Seen bspw. ist in der Regel möglich.
Ausgedehnte Spaziergänge, Bergwanderungen oder Radtouren sind jetzt am schönsten.
Es ist die Zeit, in der man die meisten Stunden draußen verbringen kann.
Auch die Abende im Freien sind in dieser Jahreszeit etwas Besonderes.

Der Herbst – ist die Zeit der Ernte.

Draußen ist es bunt, die Natur liefert ein farbiges Schauspiel.
Man kann die letzten Früchte von Bäumen und Büschen pflücken.
Oft gibt es noch sonnige Tage, an denen man sich im Garten aufhalten und diesen für den Winter vorbereiten kann.
Man kann Energie speichern für die kommende dunkle Jahreszeit.

Der Winter – ist die Zeit des Rückzugs.

Zu Hause ist es jetzt meist am schönsten.
Die kurzen Tage bieten genügend Zeit für Lektüre.
Die langen Abende sind geeignet für Wellness.
Es ist eine Phase der Besinnung und des Rückblicks auf das vergangene Jahr.

Der passende Ort

Eine ganz wichtige Entscheidung betrifft den Ort, an dem man seine kurze Auszeit verbringen möchte.

Wenn dies in den eigenen vier Wänden möglich ist, ist das sicherlich die beste Lösung. Dort haben Sie alles, was Sie für Ihr Wohlbefinden brauchen – ein gemütliches Sofa, Ihre Bücher, die eigene Küche, in der Sie sich leckere Mahlzeiten zubereiten können, und vieles mehr. Aber: Es muss gewährleistet sein, dass Sie zu Hause auch wirklich ungestört sind. Selbst wenn Ihre Familie Ihre Auszeit unterstützt, wird es Ihnen schwerfallen, sich auszuklinken, wenn Kinder und Ehepartner ständig um Sie herum sind.

Optimal ist es daher, wenn man ein Wochenende findet, an dem die Familie außer Haus ist und man die eigenen vier Wände ganz für sich hat.

Wenn dies nicht möglich ist, sollte man sich ein anderes Ambiente suchen. Dann sind zum Beispiel Freunde hilfreich, die für ein paar Tage verreist sind und Ihnen die eigene Wohnung zur Verfügung stellen. Überlegen Sie doch einmal, ob das eine Option für Sie ist.

Kommt dies nicht in Frage, so bietet sich auch ein Klosteraufenthalt an. Dort findet man eine preisgünstige Unterkunft, Ruhe, um sich zurückzuziehen, muss sich nicht um die Verpflegung kümmern und hat bei Bedarf auch die Möglichkeit, Gesprächsbegleitung durch die Gastschwester oder den Gastpater wahrnehmen zu können.

Die Latte der Erwartungen nicht zu hoch hängen – drei Tage können nur ein Anfang sein

Überlegen Sie sehr gut, wie Sie am besten in dieser kurzen Zeit Abstand vom Alltag nehmen möchten. Nehmen Sie sich aber nicht zu viel vor. Dies soll kein Wochenende sein, das mit selbst auferlegten Verpflichtungen angefüllt ist, sondern Ihnen Möglichkeiten bietet, Dinge zu tun, die Ihnen Freude machen, aber im Alltag zu kurz kommen. Wer zum Beispiel den Tag einfach lesend verbringen möchte, weil er sonst nie mehrere Stunden hintereinander schmökern kann, sollte sich dies „erlauben", ohne ein schlechtes Gewissen zu haben.

Man sollte sich in diesen Tagen immer auch Zeit dafür reservieren, einfach die Seele baumeln zu lassen, Gedanken nachzuhängen und Dinge einmal genauer unter die Lupe zu nehmen, die Geist und Seele beschäftigen. Deshalb sollte Ihr wochenendlicher Stundenplan keineswegs eng getaktet sein. Sie könnten sich bei der Struktur Ihrer freien Tage beispielsweise ein wenig am Tagesplan der Klöster orientieren. Das „ora et labora" der Ordensleute, also der Rhythmus von Gebet und Arbeit, könnte für Sie ein Wechsel zwischen Aktivitäts- und Kontemplationsphasen sein.

Tagesablauf im Kloster (Beispiel)	Vorschlag Tagesrhythmus für Ihre persönliche Auszeit
Tagesbeginn: Geistige Lesung (Lectio Divina)/Meditation	**Tagesbeginn:** Meditation/Besinnung/ Kurze individuelle Lesung
Gemeinsames Chorgebet	Einstimmung auf den Tag
Eucharistiefeier	Evtl.: Kurze sportliche Betätigung
Frühstück	Gemütliches Frühstück
Arbeitsphase (Vormittag)	**Aktive oder besinnliche Phase – je nach individuellem Bedürfnis**
Zur Tagesmitte: Gemeinsames Mittagsgebet	**Zur Tagesmitte:** Sich eine Pause gönnen
Mittagessen	Bei Bedarf: Mittagssnack oder kräftigendes Mittagessen
Mittagsruhe	Mittagsruhe oder Lesestunde

Arbeitsphase (Nachmittag)	Etwas unternehmen oder die Seele baumeln lassen
Tagesabschluss: Gemeinsames Abendgebet	**Tagesabschluss:** Rückblick auf den Tag / Wie fühle ich mich
Abendessen	Sich etwas Gutes gönnen; z. B. gemütliches Abendessen
Gemeinsames Nachtgebet	Vorbereitung auf die Nacht/ Tagebuch
Geistige Lesung/Meditation/Vorbereitung auf die Nacht	Meditation / Entspannende Lektüre o. ä.

Eine solche Tagesstruktur kann nur ein Vorschlag sein. Es empfiehlt sich aber in jedem Fall, sich vor den „Klostertagen zu Hause" ein kleines Schema zu entwickeln, wie man den Tag gestalten möchte. Sonst vergeht Ihre Auszeit wie im Fluge, und Sie haben diese nicht im geringsten so genutzt, wie Sie es eigentlich wollten. Natürlich kann der Plan auch sein, einfach „in den Tag hinein" zu leben, dann sollte man sich dies vorher aber bewusst vornehmen und am Ende nicht enttäuscht sein. Wer vorher plant, vermeidet in der Regel Frustration und schürt die Vorfreude.

Bereit und offen sein, sich auf Neues einzulassen

Wirklichen Abstand vom Alltag kann man gewinnen, indem man sich auf etwas einlässt, was man bisher noch nie gemacht hat, aber gerne einmal tun würde. Je weniger alltäglich die Aktivitäten in diesen drei Tagen sind, desto größer ist die Chance, den Alltagstrott zu vergessen.

Ein Abenteuer kann beispielsweise ein Schweigetag bedeuten. Für Nonnen und Mönche ist das Schweigen an der Tagesordnung. In den meisten Orden wird am Tagesbeginn bis zur ersten Arbeitsphase geschwiegen und nach dem letzten gemeinsamen Abendgebet nicht mehr gesprochen. Klöster haben auch Schweigeorte, an denen man sich der Worte enthält. Dazu gehören der Kreuzgang, der Klausurbereich sowie das Refektorium, der klösterliche Speisesaal. Es gibt sogar Schweigeorden, wie die Steyler Anbetungsschwestern oder die Kartäuser, die nur am Sonntag sprechen. So etwas kann für einen Ungeübten ungeheuer schwierig sein, deshalb sollte man sich für ein komplettes Schweigewochenende nur entscheiden, wenn man damit bereits Erfahrungen gemacht hat. In solchen Fällen kann das Schweigen sogar große Erleichterung bedeuten, weil man der Pflicht enthoben wird, Konversation machen zu müssen.

Für Menschen, die nicht über Schweigeerfahrung verfügen, kann bereits ein halber oder ganzer Schweigetag ein Abenteuer sein, auf das es sich aber einzulassen lohnt. In der Stille kommen viele Gedanken und Emotionen hoch, die im Alltag zurückgedrängt werden, aber die Seele belasten. Nicht immer ist es angenehm, sich diesen zu stellen. Aber das Schweigen bietet auch die Chance, Dinge genauer unter die Lupe zu nehmen, anstehende Entscheidungen in Ruhe zu überdenken und in dem ein oder anderen Fall eine Lösung zu finden. In der Ruhe liegt auch hier die Kraft.

Neue Impulse können auch Unternehmungen bieten, die man immer schon einmal machen wollte, für die aber die Zeit bisher fehlte – ein Ausstellungs-, Opern- oder Theaterbesuch, ein neuer Film beispielsweise können ungemein inspirierend sein, wenn man sich nachher auch noch die Zeit nimmt, über das Gesehene oder Gehörte ein wenig nachzudenken.

Eine Bereicherung kann auch das Treffen mit alten Freunden oder neuen Bekannten sein. Es muss ja keine Einladung zu Ihnen nach Hause sein, aber vielleicht ein gemeinsames Essen in einem Restaurant. Ganz spannend wäre auch ein Besuch in einem Stadtteilcafé oder einem Kulturverein ausländischer Mitbürger. Für die Ordensleute ist Gastfreundschaft ein wesentlicher Bestandteil des Alltags. Der heilige Benedikt schreibt in seiner Regel, dass man Fremden mit weitem Herzen begegnen soll: „Alle Fremden, die kommen, sollen aufgenommen werden wie Christus; ... Hat man Gäste aufgenommen, nehme man sie mit zum Gebet; dann setze sich der Obere zu ihnen ... dann nehme man sich mit aller Aufmerksamkeit gastfreundlich seiner an." (I)

Von anderen Menschen und fremden Kulturen kann man vieles lernen. Deshalb seien Sie in Ihrer Auszeit – und natürlich nicht nur dann – offen gegenüber neuen Begegnungen.

II. Das Ambiente

Damit die Zeit optimal genutzt werden kann – eine gute Vorbereitung

Wenn man sich Klarheit darüber verschafft hat, welche Schwerpunkte man in den „drei Tagen Kloster zu Hause" setzen, und wie man sie gestalten möchte, geht es an die Vorbereitung. Denn eine gute Vorbereitung erspart organisatorische Dinge während der kostbaren, aber doch knappen Auszeit. Bei der Organisation ist es hilfreich, in den drei Komponenten zu denken, die für die Ordensleute wesentlich sind. Sie wissen, dass Körper, Geist und Seele in Balance sein müssen, damit der Mensch ein ausgeglichenes Leben führen kann.

Gutes für den Geist – was brauche ich dafür in meinen „Klostertagen"

Die Lektüre:
- Kontemplative Texte / Anleitungen zur Meditation
- Evtl. auch Schriften der Ordensväter, die geeignet sind zur Einstimmung auf den Tag sowie zu seinem Abschluss
- Heitere, unterhaltsame Literatur zum Schmökern

Die Musik:
- Kontemplative Musik für den Tagesbeginn und -abschluss
- Gregorianische Musik für die Meditationsphasen
- Evtl. auch CD mit Meditationsanleitungen

- Je nach Geschmack und wenn überhaupt gewünscht: unterhaltsame Musik für die anderen Tagesphasen

Für eigene Aufzeichnungen:
- Tagebuch
- Evtl. Skizzenblock

Für kulturelle Unternehmungen:
- Ausstellungsprogramm checken
- Öffnungszeiten Museen notieren
- Theater-/Konzert-/Kinoprogramm besorgen
- Veranstaltung(en) auswählen
- Frühzeitig Tickets besorgen

Gutes für den Körper – wie kann ich mich vorbereiten

Wer körperlich aktiv sein möchte in seiner Auszeit, sollte sich auch hier rechtzeitig gut vorbereiten. Für Ordensleute ist es ganz wichtig, draußen zu sein, denn so können sie Gottes Natur bewundern sowie Frischluft und Kraft für den Alltag tanken.

Für Outdoorfreaks:
- Wandertouren / Radausflüge o.ä. vorher genau planen
- Keine Gewalttouren vornehmen, denn Sie möchten ja entspannen
- Ausrüstung prüfen und zusammenstellen

Für die Wellness:

— Bei Saunabesuch außer Haus Öffnungszeiten rechtzeitig checken und Tasche mit notwendigen Utensilien zusammenstellen

— Für Wellness zu Hause Pflegeprodukte besorgen; so manche Klöster, beispielsweise die Benediktiner in der Abtei Praglia bei Padua (www.praglia.it), stellen traditionsgemäß hervorragende Seifen, Lotionen, Crèmes und Badezusätze her. Für die Herstellung werden oft Naturprodukte – wie Kräuter und Zitrusfrüchte – aus eigenem Anbau verwendet.

Für die ausgewogene Ernährung:

— Im Sinne Hildegards von Bingen „Grünkraft" zu sich nehmen in Form von Kräutern, Gemüse und Salat

— Zusätzlich frisches Obst besorgen

— Rezepte für Ihre Lieblingsspeisen zusammenstellen und die Zutaten bereits vor Ihrer Auszeit einkaufen; dabei auf leichte Kost achten, keine fetthaltigen Gerichte, die Sie müde machen
Evtl. schon etwas vorkochen

— Kräutertees – im Reformhaus gekauft oder selbst hergestellt – für die Tasse am Morgen und am Abend herrichten

Für die 91jährige Missionsbenediktinerin Schwester Fidelis Happach, seit mehr als 60 Jahren verantwortlich für den Kräutergarten im Kloster Bernried am Starnberger See, ist eine Küche ohne Kräuter nicht vorstellbar: „Kräuter heilen nicht nur, sondern wirken auch vorbeugend. Bei regelmäßigem Verzehr speichert der Körper deren Wirkstoffe und setzt sie bei Bedarf frei. Deshalb gehört in jede Speise ein spezielles Kraut. Damit haben meine Mitschwestern und ich beste Erfahrungen gemacht."

Als Anregung hier ein Teerezept, das problemlos umzusetzen ist:

Teekur gegen Frühjahrsmüdigkeit und zum Energieaufbau:

Einen Teelöffel gut gereinigter Gänseblümchenblüten in eine Tasse geben und mit heißem Wasser aufgießen. Fünf bis zehn Minuten ziehen lassen, dann abseihen und schluckweise zu sich nehmen.

Dreimal täglich eine Tasse frisch zubereiteten Tee über einen Zeitraum von zwei Wochen trinken.

Wer möchte, kann den Teegeschmack noch mit etwas Honig verfeinern.

Gutes für die Seele – was ist dabei hilfreich?

Eine angenehme Atmosphäre ist Balsam für die Seele. Um diese zu schaffen, kann man die Sinne stimulieren.

- Kerzenlicht trägt zur Entspannung bei
- Duftlampe mit den Lieblingsdüften bereitstellen
- Ein angenehmes Ambiente schaffen
- Natürlich hilft auch die bereits erwähnte passende Musikauswahl, der Seele Gutes zu tun.

Ein Umfeld zum Abschalten und Wohlfühlen

Abbas Poimen, einer der Wüstenväter, wird mit folgenden Worten zitiert: „Wenn der Mensch Ordnung einhält, dann wird er nicht verwirrt." (2) Dies könnte ein kleiner Hinweis für die Zeit vor Ihrem Start in das „Klosterwochenende" sein. Wenn Sie dieses in den eigenen vier Wänden verbringen, empfiehlt es sich, dort vorher etwas Ordnung zu schaffen. Dies ist zum einen wichtig, damit Sie sich in Ihrer Entspannungszeit ausbreiten können und nicht ständig über Bücherstapel, Berge von schmutziger Wäsche, benutztes Geschirr oder ähnliches stolpern.

Noch wichtiger ist es allerdings, dass Sie nicht in der Phase, in der Sie zur Ruhe kommen möchten, plötzlich anfangen aufzuräumen, weil Sie die Unordnung stört, oder Dinge zur Hand nehmen, die Sie noch erledigen möchten. Deshalb sollten Aufräum- oder gar Entrümpelungsaktionen unbedingt vorher stattfinden. Die äußere Ordnung ist ein wichtiger Schritt auf dem Weg, Abstand zum Alltag zu finden.

Dann können Sie daran gehen, Ihr Ambiente zu gestalten.

Eine kleine Meditationsecke für die Morgen- und/oder Abendlesung oder ein Platz, an dem Sie Ihre Yoga- oder sonstigen Entspannungsübungen durchführen können, ist ganz wichtig.

Dort sollten Sie sich ausbreiten, und dort muss es ruhig und warm sein sein, damit Sie wirklich abtauchen können. Schön ist es zudem, wenn Sie in Ihrer Meditationsecke noch eine Kerze aufstellen können und ein Bild, das Sie auf dem Weg in Ihre „innere Mitte" begleitet. Ordensleute haben in ihren Zellen immer eine Meditationsecke, die sie nach eigenem Geschmack gestalten. Dort befindet sich neben einem Meditationshocker in der Regel eine Kerze, ein Kreuz oder ein Heiligenbild oder eine figürliche Darstellung von Christus, Maria oder einem von dem Ordensmitglied besonders verehrten Heiligen. Entsprechend können auch Sie ein oder zwei Gegenstände, die Ihnen besonders am Herzen liegen, in Ihre Meditationsecke stellen.

Nun brauchen Sie noch ein gemütliches Sitzmöbel – Sofa oder Sessel – für Ihre Lesestunden. Wenn Sie dafür noch einen Platz mit einem schönen Ausblick finden, können Sie von dort aus auch einfach einmal Ihre Blicke schweifen lassen und den Gedanken nachhängen.

Auch der Essplatz benötigt eine besondere Beachtung, denn das Einnehmen der Mahlzeiten sollte keinesfalls nebenher oder gar im Stehen vonstatten gehen. Sie haben ja jetzt mehr Zeit dafür als in einer hektischen Arbeitswoche. Denken Sie an schöne Tischwäsche, einen kleinen Blumenstrauß und eine Kerze.

Schaffen Sie sich ein Umfeld, in dem Sie persönlich sich wohlfühlen – dies gilt übrigens nicht nur für Ihre „drei Tage Abstand", sondern generell auch im Alltag.

Mit Störungen und Störenfrieden umgehen

Um Ihr Wochenende ungestört genießen zu können, ist es wichtig, dass Sie absehbare Beeinträchtigungen von vorneherein ausschalten. Dabei sind Sie erst einmal sich selbst gegenüber verantwortlich. Das Handy sollte aus- und der Anrufbeantworter Ihres Festnetzapparats eingeschaltet sein. Auch auf den Computer sollte verzichtet werden, denn Sie könnten in Versuchung geraten, Ihre Mails zu checken, und damit wieder voll im Alltag landen.

Ihr Umfeld – Partner, Familie, Freunde – muss natürlich in Ihre Pläne eingeweiht werden. Es ist wichtig, dass Ihre Nächsten Verständnis für Ihr Vorhaben haben und dieses auch unterstützen. Erklären Sie ihnen daher ganz genau, warum Sie diese kurze Auszeit für sich brauchen. Schließlich können sie ja auch davon profitieren, wenn Sie ausgeglichen und mit neuem Elan in den Familienalltag zurückkehren. Vielleicht ist dies dann so überzeugend, dass Ihr Partner Ihrem Beispiel folgt und auch einmal eine kurze Auszeit nehmen möchte.

Optimal ist es natürlich, wenn Ihre Mitbewohner Ihnen das Zuhause für drei Tage ganz überlassen. Vielleicht können Sie daher in gemeinschaftlicher Absprache ein Wochenende wählen, an dem Ihre Lieben ohnehin außer Haus sind. Ist dies nicht möglich, so sollte Ihnen wenigstens ein eigenes Zimmer zur

Verfügung stehen, in das Sie sich zurückziehen können. Eine Möglichkeit wäre es dann, im Sinne eines Klosters zu Hause, wie die Ordensleute Schweigephasen in den Tagesablauf einzubauen, also Stunden, in denen Sie für sich alleine sind und sich nicht mit den anderen austauschen.

Wenn Sie von vorneherein Befürchtungen haben, zu Hause nicht ungestört sein zu können, sollten Sie sich nach Alternativen umsehen. Eine bereits genannte Möglichkeit wäre dabei ein Klosteraufenthalt.

Haben Sie einen geeigneten Rückzugsort gefunden, bitten Sie Ihren Partner oder Ihre Familie, diese wenigen Tage in Ruhe genießen zu dürfen. Störungen sollten nur in ganz wichtigen Ausnahmefällen erlaubt sein. Wenn Sie merken, dass Ihr Umfeld dies nicht respektiert, müssen Sie dezidiert darauf hinweisen, dass diese Zeit nur Ihnen gehört. In diesem Sinne sind Sie auch sich selbst gegenüber verantwortlich, damit Störungen in Ihrer Auszeit keinen Platz haben.

Haben Sie dies alles geklärt, so können Sie beruhigt Abstand vom Alltag nehmen.

(1) Aus: Die Regel des heiligen Benedikt, Beuron 1990, Kap. 53, 1 u. 4 f.
(2) Aus: Anselm Grün, Der Weg durch die Wüste, Münsterschwarzach 2001, S. 26.

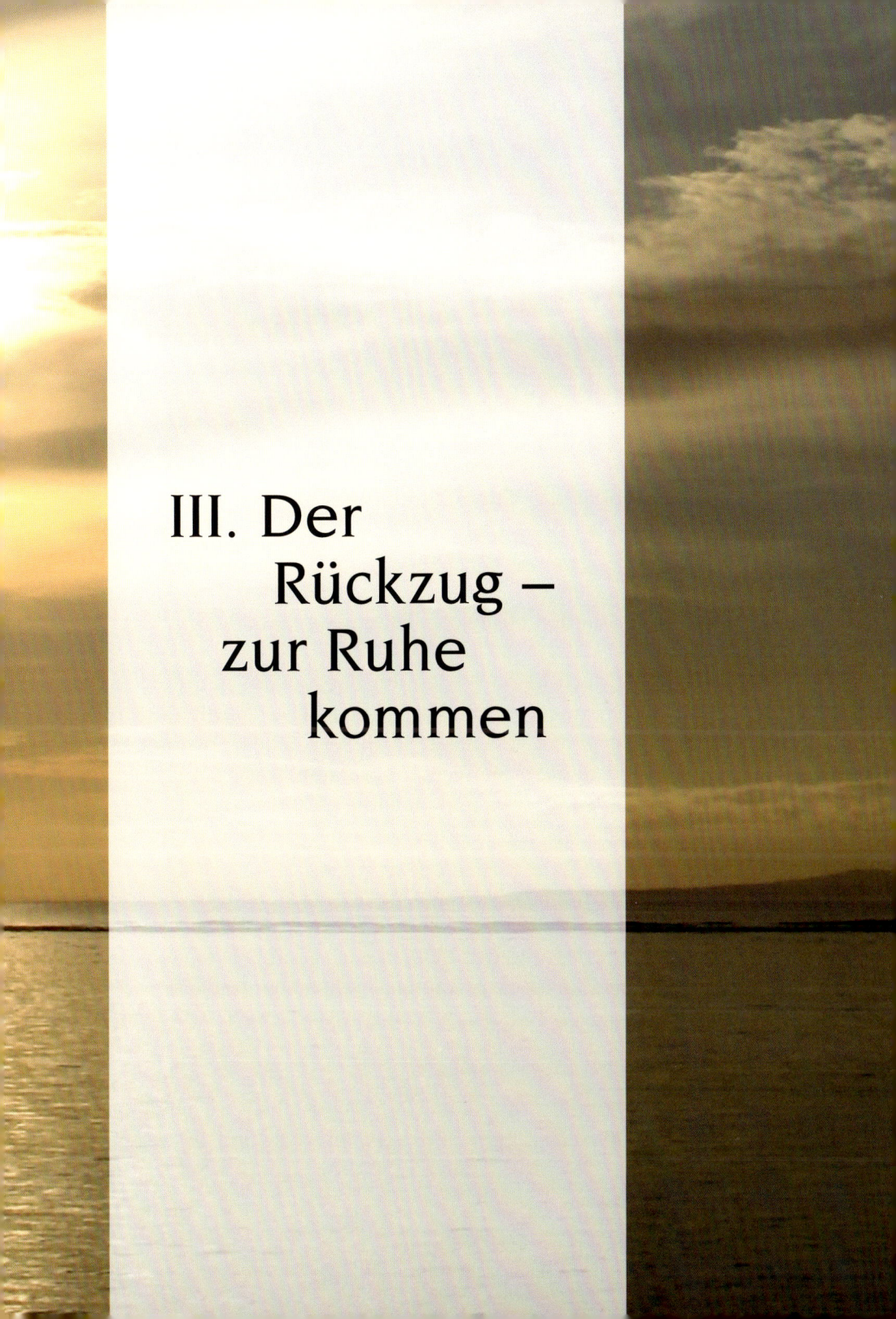

III. Der Rückzug – zur Ruhe kommen

Erst mal entschleunigen und den Alltag loslassen

Damit Sie rasch aus dem Alltag abtauchen können, erledigen Sie bis zum Vorabend Ihrer kurzen Auszeit alles, was unaufschiebbar ist. Ihre üblichen Wochenendbesorgungen ziehen Sie vor oder befassen sich in der kommenden Woche damit.

Gehen Sie früh zu Bett, damit Sie am Folgetag die wertvollen Morgenstunden nicht verschlafen.

„Haben wir doch keine Sorgen um das Morgen und denken wir nur daran, den heutigen Tag gut zu machen", sagte der Ordensgründer Franz von Sales. In diesem Sinne entspannen Sie sich und denken Sie nicht mehr daran, welche Aufgaben in den nächsten Wochen und Monaten auf Sie warten. Nur der heutige Tag ist wichtig.

Stellen Sie sich am besten den Wecker, nicht so früh wie die Ordensleute, die meist zwischen 4.30 und 5.30 h aufstehen, aber doch so, dass Sie den Morgen noch genießen können. Es sei denn, Ihr Plan ist es, erst einmal richtig auszuschlafen.

Nach dem Aufwachen atmen Sie erst einmal tief ein und aus und strecken Sie sich im Bett. Freuen Sie sich auf die bevorstehende wertvolle Zeit. In den Tag können Sie jetzt mit einer Tasse Kräutertee starten und beispielsweise mit einer anschließenden kurzen Lesephase – entsprechend der „Lectio Divina", der geistlichen Lesung der Nonnen und Mönche. Wer möchte, kann den Morgen auch, wie viele Menschen im Kloster, mit einer Meditation beginnen. Zum Beispiel mit der folgenden, die Sie an einen besonderen Ort führen kann:

Unser Ort der Träume ist ein breiter, menschenleerer Strand, an dem wir ganz entspannt sitzen und aufs Meer hinausblicken.

Am Horizont sehen wir die ersten Umrisse des Sonnenballs.

Wir atmen mit geschlossenen Augen langsam ganz tief in den Bauch hinein und doppelt so lange wieder aus.

Die morgendliche Wärme nehmen wir mit jedem Atemzug in uns auf.

In dieser Stellung verharren wir ein wenig und spüren, wie unser ganzer Körper, ja unser Herz von der Sonne berührt werden.

Langsam steigt sie höher, ein ganz leichter Wind kommt auf. Dieser Lufthauch ist ganz angenehm und erfrischt uns ein wenig an diesem heißer werdenden Sonnentag.
Wir lauschen dem Geräusch der Wellen, die auf den Sand aufschlagen. Und atmen weiter ganz tief bis in unser Becken.

Unser Gesicht heben wir der Sonne entgegen und lassen uns von ihr wärmen.

Die Wärme durchdringt uns mit dem langsam aufsteigenden Sonnenball mehr und mehr.

Sie fließt über unseren Brustkorb in unser Becken, durchströmt unsere Arme und breitet sich in unseren Beinen aus. Das gleichförmige Geräusch der Wellen entspannt uns. Wir hören die ersten Vögel zwitschern und genießen diesen sonnenbeschienenen Ort, der in diesem Moment nur uns gehört.
Die Vögel werden lebhafter. Sie rüsten sich für den beginnenden Tag und absolvieren ihre ersten Flüge.

Wir stellen uns vor, dass sie über uns sind und mit uns die Wärme genießen.

Inzwischen steht die Sonne hoch am Horizont. Mit einem letzten tiefen Atemzug verabschieden wir uns von unserem Traumort und öffnen langsam die Augen.

Der Tag kann beginnen. Und es wird ein guter Tag sein, wenn wir uns immer wieder der Sonnenstrahlen erinnern, die wir am Morgen in uns aufgenommen haben. (3)

Natürlich kann jeder den Start in den ersten Tag der Auszeit individuell gestalten, eines sollte man aber immer beherzigen: Der Tagesbeginn sollte in Ruhe erfolgen.

Wer vor der ersten Mahlzeit des Tages bereits an die frische Luft möchte, kann zum Beispiel im eigenen Garten Tau treten.

Laufen Sie fünf bis zehn Minuten im Storchenschritt barfuß durch das nasse Gras. Wischen Sie danach die Feuchtigkeit mit den Händen von den Füßen, trocknen Sie diese aber nicht mit einem Handtuch ab, sondern streifen Sie warme Socken darüber. Das Tautreten regt Ihren Kreislauf an und macht Sie fit für den Tag.

Danach können Sie sich ein leckeres Frühstück gönnen. In den Klöstern gibt es regelmäßig Müsli, frisches Obst und Säfte zu Kaffee, Klosterbrot und meist hausgemachter Marmelade. Decken Sie den Tisch, stellen vielleicht eine meditative Musik an und lassen Sie sich Zeit. Die Zeit, die Sie sonst zu Beginn des Tages meist nicht haben. „Zeit ist ein Geschenk, dessen Wert man gar nicht hoch genug schätzen kann", sagte mir Pater Anselm Grün einmal. Freuen Sie sich über dieses Geschenk und genießen Sie es.

Den Tag strukturieren –
im Rhythmus der Mönche

Wie man seinen Tagesrhythmus demjenigen der Klöster anpassen kann, wurde bereits im ersten Hauptkapitel dieses Buchs aufgezeigt. Dies ist natürlich nur eine Empfehlung. Verbunden mit dem „ora et labora" ist auch der Wechsel zwischen Ruhe und Bewegung. Die Mönche verharren während Gebet, Lesung und Meditation in Ruhe, bei der Arbeit sind sie in Bewegung. Diese haben die Ordensleute alleine schon, wenn sie in den meist weitläufigen Klosteranlagen von einem Ort zum anderen gehen. Dabei legen sie oft täglich beachtliche Strecken zurück. In der Arbeitsphase konzentrieren sie sich voll auf das, was zu erledigen ist. Wenn die Glocke zum Gebet läutet, muss die Arbeit ruhen. „Manchmal möchte man dann gerne noch etwas beenden, was man begonnen hat, aber wenn die Glocke ruft, lasse ich die Arbeit liegen. Das Gebet hat oberste Priorität", sagte mir Altabt Odilo Lechner. Bei uns außerhalb der Klöster hat die Arbeit meist Vorrang. Wer besonders lange und bis in die Nacht arbeitet, ist vermeintlich sehr produktiv. Tatsächlich ist es aber so, dass man eine Arbeit oft rascher erledigt, wenn die Zeit dafür begrenzt ist. Wenn man weiß, dass man nur einen beschränkten Zeitrahmen hat, arbeitet man effektiver.

Alles bekommt seine Zeit, und die Zeit hat Grenzen.

An Ihrem Klosterwochenende zu Hause können Sie ja einmal dieses Prinzip des klösterlichen Tagesablaufs ein wenig ausprobieren. Vier Dinge sollten Sie dabei beherzigen:

- Beginnen Sie den Tag in Ruhe
- Bauen Sie am Vormittag und am Nachmittag Bewegungsphasen ein
- Machen Sie mittags eine Pause
- Schließen Sie am Abend den Tag bewusst ab

Genauso sorgfältig, wie Sie den Morgen angehen lassen, sollten Sie auch den Tag ablegen. Die Nonnen und Mönche haben dafür verschiedene Rituale. In der Gemeinschaft wird der Tag mit dem letzten Gebet, der Komplet, beendet. Den individuellen Abschluss gestaltet jedes Ordensmitglied selbst. „Für mich bildet die Meditation das Ende meines Tages. Dann kann ich in Ruhe die vergangenen Stunden Revue passieren lassen", erzählte mir Äbtissin Laetitia Fech aus der Zisterzienserinnenabtei Waldsassen. Damit spricht sie stellvertretend für viele ihrer Mitschwestern und -brüder. Denn die wichtigste Komponente ist, in Ruhe den Tag abzulegen, damit man Abstand zum Geschehen bekommt und ruhig schlafen kann. Viele Tipps aus dem Kloster kann man auch zu Hause ohne Weiteres praktizieren, zum Beispiel:

- Tagebuch schreiben, um die wichtigsten Ereignisse festzuhalten und so „aus dem Kopf" zu bekommen
- Entspannende Literatur – Lesung zum Tagesabschluss
- Meditation, die uns Ruhe gibt
- Atemübungen, um in Balance zu kommen
- Meditative Musik hören und sich darauf konzentrieren

In der Ruhe liegt die Kraft

Möglicherweise wird es für Sie nicht ganz einfach sein, zur Ruhe zu kommen, wenn Ihr Alltag sonst sehr hektisch ist. Die Momente der Stille, die in jedem Fall zu Ihrem „Klosterwochenende" gehören sollten, werden Ihnen vielleicht sogar zu schaffen machen, denn Sie werden vermutlich versucht sein, Dinge, die Ihnen dabei in den Sinn kommen, direkt zu erledigen. Hadern Sie dann nicht mit sich selbst. Kein Mensch kann von einem Moment zum anderen von „hundert auf null" zurückfahren. Setzen Sie sich nicht unter Zwang. „Wer sich zu etwas zwingt und sich dabei selber überfordert, steht seinem eigenen Glück im Wege", schreibt Pater Anselm Grün. (4)

Bauen Sie daher in den Tag immer wieder einmal kurze Momente der Ruhe und des Nachdenkens ein. Fünf oder zehn Minuten genügen dabei für den Anfang. Ihr Klostertag zu Hause sollte aber mindestens drei solcher Ruheblöcke enthalten. Wer bereits Erfahrung mit solchen Besinnungsphasen hat, kann sie natürlich auch ausdehnen.

Eine gute Möglichkeit, zur Ruhe zu kommen, ist auch ein Spaziergang. Draußen in der Natur kann man im Rhythmus der Schritte die Ideen schweifen lassen und einen klaren Kopf bekommen. Außerhalb der eigenen vier Wände, die manchmal auch die Gedanken blockieren, bekommt man eine gesunde Distanz zu den Dingen, die uns im Alltag beschäftigen. Das, was uns hin und wieder belastet, bekommt eine andere Dimension und ist plötzlich nicht mehr so bedeutsam. Während solcher Spaziergänge erhält man oft spontan neue Impulse, die einen weiterbringen.

Phasen der Besinnung entlasten unsere Sinne, sie entrümpeln sie gleichsam und schaffen Platz für neue Ideen. Im übertragenen Sinne kommen wir so zur „Be"sinnung.

Zu Beginn der Ruhephasen ist es hilfreich, seinen Atemfluss zu beobachten und zu steuern. Wer schnell und flach atmet, kann keine Ruhe finden, denn er wird kurzatmig, ihm geht irgendwann die Luft aus.

Daher ist es wichtig, tief bis ins Becken hinein gleichmäßig ein- und auszuatmen. Man spürt dann bereits nach wenigen Atemzügen, wie die Spannung nachlässt, sich Wärme im Inneren ausbreitet und man gelassener wird. In den Klöstern wird der gleichmäßige Atemrhythmus durch die Chorgebete gefördert. Dort werden regelmäßige Pausen gemacht an Stellen, an denen wir Außenstehende beim Lesen oft nicht innehalten würden. Man kann dies sehr gut beobachten, wenn man einmal an einem Chorgebet im Kloster teilnimmt.

Wenn Sie dann in Ihrer kleinen Ruhephase merken, wie Sie allmählich entspannen, lassen Sie Ihre Gedanken schweifen. Zwingen Sie sich auch hier nicht dazu, irgendein Problem bewusst zu verfolgen. Es wird im Laufe der Zeit vieles hochkommen. Manches wird Klarheit bringen, anderes Sie verwirren. Machen Sie sich danach gelegentlich einige Notizen, hin und wieder gewinnt man Klarheit, wenn man etwas zu Papier bringt. Außerdem laufen Sie dann auch nicht Gefahr, Ideen zu vergessen, die Ihnen während der Ruhephase gekommen sind.

- Ruhe bringt Gelassenheit.
- Sie führt uns in unser Inneres, zu dem, was uns bewegt.
- Deshalb gönnen Sie sich regelmäßig Ruhephasen.
- Dies sind die Momente, aus denen Sie Kraft schöpfen.

„Klösterliche" Schweigephasen und was sie bewirken können

Ich gönne mir täglich ein Stückchen Schweigen", sagte mir Sr. Emerita Nuß, die Cellerarin des Klosters Bernried am Starnberger See, einmal. Was sie so mit Leichtigkeit äußerte, ist für uns manchmal ein Stück harte Arbeit. Für die Ordensleute ist das Schweigen ein tägliches Ritual, und viele Klosterbereiche sind Schweigeorte, an denen man sich allenfalls kurz flüsternd verständigen sollte. Wir sind im Schweigen oft ungeübt, da Konversation zu unserem Alltag gehört. Vielfach haben wir Probleme, mit der Stille umzugehen, da wir von Geräuschen umgeben sind. In zahlreichen Haushalten bilden Hörfunk und TV die Geräuschkulisse, in vielen Geschäften werden wir mit Musik „berieselt", sogar auf U-Bahnhöfen und an Bahnsteigen laufen Werbetrailer und sogenannte Entspannungsmusik. Sich der Musik zu widmen, kann durchaus bereichernd sein, genauso wie so manche Fernsehsendung, aber als Dauereinrichtung wird alles beliebig und manchmal sogar stressig.

Manch einer lässt sich am Morgen vom Radio wecken und stellt es nicht mehr aus, bevor er schlafen geht. Zahlreiche Menschen lassen den Fernseher über Stunden an, ohne sich konkret auf das Programm zu konzentrieren. Es ist eigentlich egal, was läuft, Hauptsache, es gibt eine Geräuschkulisse – die das Gefühl verdrängt, alleine zu sein. Von einsamen Menschen habe ich hin und wieder gehört, dass sie ein Fernsehprogramm einstellen, damit wenigstens Leben in ihrer Wohnung ist. Dies ist eine sehr traurige und bedrückende Feststellung.

Das Schweigen macht diese Art der Verdrängung unmöglich. Es ist für Unerfahrene mühsam, da im Schweigen vieles hochkommt, was durch den Lärm des Alltags verdeckt wurde. Aber es lohnt sich.

„Um nun starkmütig und mit dieser Standfestigkeit ans Werk zu gehen und mit den Tugenden bald ans Licht zu treten, seien Sie immer sorgfältig darauf bedacht, sich mehr dem Schwierigen als dem Leichten, mehr dem Rauhen als dem Lieblichen, mehr dem Mühsamen und Unköstlichen, das ein Werk an sich hat, zuzuwenden", empfahl Johannes vom Kreuz. (5) Dieses gilt auch für das Schweigen, aber wenn die Bemühungen Früchte tragen, ist dies doch eine positive Bilanz Ihres „Klosterwochenendes". Diese Erfahrung konnte ich selbst während eines Schweigekurses im Kloster machen. Die erste Mahlzeit im Kreis von anderen Kursteilnehmern, die ich nicht kannte, war mir besonders unangenehm, denn ich musste mich mit meinen Tischgenossen verständigen, ohne mit ihnen sprechen zu dürfen. Worte waren nicht erlaubt, dafür musste man mit Blicken und Gesten auskommen. Als Mitglieder einer Kommunikationsgesellschaft ist dies für uns eine außergewöhnliche Erfahrung – an die ich mich aber nach einem Tag nicht nur gewöhnte, sondern die ich auch zu schätzen begann.

Von Tag zu Tag spürte ich zunehmend, wie positiv Schweigen sein kann. Ich „musste" selbst keine Worte verlieren, mir aber auch nichts anhören. Dies war eine ungeheure Erleichterung, die ich auch körperlich verspürte. Sie machte mir klar, wie viel verbalen Müll wir täglich produzieren, und wie viele Wort eigentlich überflüssig sind, da sie oft nur dazu dienen, keine Stille aufkommen zu lassen.

Eine weitere positive Erfahrung brachten diese Schweigetage im Kloster mit sich: Wir alle konnten nur durch unsere Körpersprache wirken. Unsere Gesten, unsere Blicke, unser ganzer nonverbaler „Auftritt" in der Gruppe waren das, wonach uns die anderen Teilnehmer beurteilten. Wir konnten sie nicht durch Worte überdecken oder gar korrigieren.

Dies brachte uns dazu, auch unsere Körpersprache einmal genauer unter die Lupe zu nehmen. Oft drücken unsere Bewegungen, unsere Gesten, die Art, wie wir auf andere im wahrsten Sinne des Wortes „zugehen", etwas anderes aus als unsere Worte. Sie sprechen sozusagen eine andere Sprache. Wir konnten uns in diesen Tagen ein Bild von den Mitschweigern machen, das nicht durch Gerede beeinflusst werden konnte.

So war es auch am Ende des Kurses, als wir bei der letzten Mahlzeit das Schweigen brechen konnten, sehr interessant zu beobachten, ob sich das Bild eines Menschen, das man sich im Verlauf der vorhergehenden Tage machen konnte, durch seine Sprache bestätigt wurde oder eher veränderte.

Auch in diesem Sinne ist es interessant, das Schweigen einmal auszuprobieren.

Wer sich immer wieder im Schweigen übt, wird seine Worte danach mit mehr Bedacht wählen. Dies erfahren die Ordensleute in ihrem Klosteralltag, in dem Schweigen an der Tagesordnung ist.

Auch Sie können sich zu Hause im Schweigen üben.

- Legen Sie sich für Ihre kurze Auszeit zwei Schweigephasen fest, die nicht unbedingt länger als zehn Minuten sein sollten.
- Bauen Sie diese Phasen in Ihren Tagesablauf fest ein.
- Setzen Sie sich in eine stille Ecke Ihrer Wohnung und üben Sie das Schweigen bewusst. Konzentrieren Sie sich auf Ihr Inneres und das, was Sie beschäftigt.
- Wer zu Hause die Ruhe nicht findet, kann auch in die Natur gehen und dort das Schweigen einüben.
- Wer Bewegung braucht, kann seine Schweigezeit mit einem Spaziergang verbinden.
- Nach einer Weile werden Sie feststellen, wie stark Sie von diesen Phasen profitieren. Sie decken vieles auf und bereiten den Boden für Änderungen.
- Schweigen kann man auch im Alltag, im Büro oder Ihrem sonstigen beruflichen oder familiären Umfeld. Wenn Sie Ihrer Familie oder den Kollegen deutlich machen, dass Sie am Tag eine solche Rückzugsmöglichkeit brauchen, werden sie es nach einer Weile akzeptieren.

Sicherlich wird Ihnen Ihre Schweigeerfahrung helfen, im Alltag mit den Worten sorgsamer umzugehen. Es gibt eine alte Mönchsregel, die sagt: „Schütze das Schweigen, und das Schweigen wird Dich beschützen."

(3) Aus: Petra Altmann, Aufbruch in die Stille – 33 Klosterinspirationen, Freiburg 2010, S. 15 ff.
(4) Aus: Anselm Grün, Das kleine Buch vom wahren Glück, Freiburg 2001, S. 14
(5) Aus: Johannes vom Kreuz, Worte von Licht und Liebe, Freiburg 1996, S. 168

IV. Aktiv werden

Auch im Kloster ist Fitness gefragt: Kraft schöpfen durch die Bewegung

Die Balance zwischen Ruhe und Bewegung, Schlafen und Wachen, Essen und Fasten stärkt die Lebenskraft, wobei der Bewegung besonderes Augenmerk geschenkt werden sollte. Dabei geht es nicht darum, komplizierte Übungen zu machen oder sportliche Höchstleistungen zu vollbringen, sondern regelmäßig in Bewegung zu bleiben. Wer seinen Körper fit hält, wird auch geistig beweglich bleiben. Viele Ordensleute in den Konventen, die in fortgeschrittenem Alter noch mobil und geistig flexibel sind, belegen dies.

„Unser geregelter Tagesablauf, das strukturierte Leben hier im Kloster und die viele Bewegung sind die Gründe, weshalb wir uns noch so gut fühlen", sagt Bruder Ulrich, Mitte 80, aus dem Benediktinerkloster Jakobsberg bei Bingen am Rhein. „Ich arbeite noch jeden Tag in der Nähstube und bin auch als Organist im Kloster tätig. Bei mir wird's nie langweilig."

Bruder Ulrich ist kein Einzelfall in den Konventen. Ordensleute mit über 80, körperlich beweglich, mental gut drauf, die noch ihre Aufgabe haben und im hohen Alter nach wie vor sozusagen ihre Frau oder ihren Mann stehen, findet man quasi überall. Das Leben im Kloster scheint sich zu lohnen, zumindest für die Männer. Denn, so stellte Marc Luy, Professor für Demographie an der Universität Rostock, fest: „Mönche haben eine signifikant höhere Lebenserwartung als die restliche männliche Bevölkerung." Professor Luy muss es wissen, denn er hat im Rahmen einer Studie die Lebensdaten von rund 12.000 Ordensmitgliedern in Deutschland untersucht, knapp die Hälfte davon Männer. Dabei berücksichtigte er den Zeitraum zwischen 1900 und 2005. Dafür erforschte er jahrelang deutsche Klosterarchive. (6)

Es stellte sich heraus, dass die durchschnittliche Lebenserwartung der Nonnen derjenigen der restlichen weiblichen Bevölkerung entspricht, nämlich 81 Jahre.

Die Männer in den Klöstern haben jedoch eine erfreulich längere Lebenserwartung als ihre Geschlechtsgenossen außerhalb der Klostermauern. Drei Jahre sind es mehr. Damit können die Mönche mit einer durchschnittlichen Lebensdauer von 79 statt 76 Jahren rechnen.

Bruder Ulrich, gelernter Schneider, der mit Mitte 80 noch täglich an seiner Nähmaschine sitzt, das Obst im Garten erntet und auch die Orgel in der Klosterkirche spielt, oder Pater Zimmermann aus Vallendar, der mit Anfang 80 natürlich noch seinen Aufgaben als Seelsorger nachgeht – beide sind Beispiele für viele Nonnen und Mönche, die im Alter noch ausgesprochen vital sind.

Woran mag es liegen, dass die Männer in den Klöstern mehr Jahre auf Erden verweilen können? Haben Ordensleute vielleicht den besseren „Draht nach oben"? Wer will das beweisen? Prof. Luy zitiert bei dieser Frage gerne die persönlichen

Aussagen der Mönche: „Viele führen die höhere Lebenserwartung auf den geregelten Tagesablauf in den Klöstern zurück. Sie haben durch das ‚ora et labora‘, also das ‚Beten und Arbeiten‘, eine bessere Balance zwischen Arbeits- und Ruhephasen. Die Arbeit dominiert nicht das Leben. Aber Ordensleute trödeln auch nicht ziellos durch den Tag. Das Leben ist dadurch ausgeglichener.“

Dies scheint mit ein Grund dafür zu sein, dass die Menschen in den Klöstern zufriedener mit ihrem Leben sind. Ein weiterer bedeutsamer Faktor, den die Nonnen und Mönche auch immer selbst nennen, ist die Tatsache, dass sie lebenslang arbeiten. Während bei uns Modelle wie Vorruhestand oder Altersteilzeit propagiert werden, und manch einer bestrebt ist, so früh wie möglich in Rente zu gehen, arbeiten die Ordensleute, so lange es geht.

Aber nicht nur in der Arbeit steckt die Bewegung, ganz gezielt bauen Ordensleute auch körperliche Übungen in den Tagesablauf ein. Dabei bedienen sie sich durchaus zeitgemäßer Methoden. In der Zisterzienserinnenabtei Waldsassen beispielsweise gibt es einen Fitnessraum mit entsprechenden Geräten, der von den jüngeren Nonnen regelmäßig benutzt wird. Die Ordensfrauen fortgeschritteneren Alters wählen andere Methoden, eine 90-Jährige macht beispielsweise jeden Morgen rund 15 Minuten lang Bodenübungen.

Bei meinen Klosterbesuchen treffe ich auch immer wieder Ordensleute, die mehrmals in der Woche Joggen, Radfahren oder auch Kampfsportarten trainieren.

Nehmen Sie sich ein Beispiel daran. Bei Ihrem Abstand vom Alltag können Sie das „ora et labora" im Sinne von Bewegung und Ruhe ausprobieren. Natürlich sollen Sie im vorher beschriebenen Sinne Stille genießen und sich Schweigen gönnen, aber wichtig ist auch, dass Sie Ihren Körper fit halten.

- Welche Bewegungsart liegt Ihnen am meisten?
- Was können Sie auch ohne großen Zeitaufwand und Gerätschaften problemlos in den Alltag einbauen?
- Probieren Sie in Ihrem „Kloster im Alltag" aus, was Ihnen Spaß macht.
- Integrieren Sie dann eine Viertelstunde bewusstes Training in Ihren Tagesablauf.
- Wer ohnehin den ganzen Tag auf den Beinen ist, sollte sich eher eine Ruhezeit gönnen. Da viele von uns jedoch sitzende Tätigkeiten ausüben, muss ein wenig ausgleichende Bewegung sein.

Eine Entspannungsmethode, die in den Klöstern vielfach angewandt wird, ist die sogenannte „Eutonie" (griechisch für „gute Spannung"). Mit Eutonieübungen können Menschen, die unter Stresssymptomen leiden, Spannungen abbauen. Menschen, die sich oft schlapp fühlen, können hingegen Energie gewinnen. Durch Bewegungsabläufe im Alltag werden unsere Muskelpartien oft einseitig beansprucht, dadurch werden wir verspannt.

Zwei Basisübungen kann man leicht auch zu Hause ausführen. Bei fortgeschrittenen Übungen sollte man sich durch geschulte Fachleute anleiten lassen.

Spannungen lösen:

- Auf eine Isomatte setzen und den Körper mit geballten Fäusten leicht und regelmäßig abklopfen. Dabei mit der linken Fußspitze beginnen, über das linke Bein und die linke Rumpfpartie zum Brustbein, von dort zur rechten Schulterpartie und dann auf der rechten Körperhälfte nach unten bis zu den Zehen des rechten Fußes.

Den Rücken entspannen:

- Auf den Rücken legen und Beine aufstellen. Dann zwei Tennisbälle rechts und links unter das Becken legen, die Beine ausgleiten lassen und wenige Minuten liegenbleiben.
- Dann die Tennisbälle unter die rechte und die linke Schulter legen, entspannen und ebenfalls einige Minuten auf dem Rücken liegen bleiben.
- Ungeübte werden erst Schmerzen an den Stellen verspüren, unter denen die Tennisbälle liegen. Nach wenigen Momenten wird man aber merken, dass sich Entspannung einstellt.

Im Sinne Hildegards von Bingen:
Die Natur als Energiespender

Hildegard von Bingen, die große Heilkundlerin, sprach von der „veriditas" – der Grünkraft. Sie meinte damit einerseits die Energie, die uns die Natur spendet, wenn wir uns draußen aufhalten, uns im Freien bewegen und betätigen. Andererseits spielte sie damit auch auf die Kraft an, die wir erhalten, wenn wir die Gaben der Natur ernten und zu uns nehmen – darunter Gemüse, Salat, Obst und natürlich Kräuter.

Bis auf wenige Ausnahmen hat jedes Kloster, und liege es auch mitten in der Großstadt wie beispielsweise die Benediktinerabtei St. Bonifaz in München, einen Garten. Manchmal sind dies ausgedehnte Parks, in anderen Fällen nur kleine Flächen, auf denen die Ordensleute zum Teil noch Gemüse und Kräuter anbauen. So können sie nicht nur Selbstgezogenes ernten, sondern sich auch an der Natur erbauen. „Denn das Firmament ist wie das Haupt des Menschen; Sonne, Mond und Sterne wie die Augen; die Luft wie das Gehör; die Winde wie der Geruch, der Tau wie der Geschmack." (7)

In jedem Kloster gibt es auch einen Kreuzgang, an dem sich die Wege von einem Trakt des Klosters zum anderen kreuzen. Kreuzgänge sind manchmal geschlossene Bereiche, vielfach aber auch zur Mitte hin offen. Darin befinden sich kleine Rasenflächen, Blumenbeete, manchmal eine Wasserquelle, beispielsweise in Form eines Springbrunnens. Wenn die Ordensleute den Kreuzgang durchqueren, kommen sie so ein wenig mit der Natur in Berührung. Kreuzgänge gehören auch zu den traditionellen Schweigeorten im Kloster, und manchmal nutzen die Nonnen und Mönche sie auch, um zu meditieren und Abstand zu ihren täglichen Anforderungen zu bekommen.

Auch für uns, die wir nicht im Kloster leben, ist es wichtig, den Kontakt zur Natur nicht zu verlieren. Deshalb müssen auch wir täglich hinaus, und sei es nur für kurze Zeit. Eigentlich weiß es jeder von uns, nur muss man sich selbst hin und wieder überlisten, um auch bei Wind und Wetter vor die Tür zu kommen.

- Wenn Sie nicht ohnehin eine Tätigkeit haben, die Sie oft nach draußen führt, überlegen Sie sich jeden Tag einen kleinen Fußweg.
- Das kann beispielsweise der Gang zum Briefkasten, zum Postamt, zum Bäcker oder natürlich auch der Weg zum Arbeitsplatz sein.
- Ihr kleiner Spaziergang kann auch eine Form von Meditation sein, wenn sie mit gleichmäßigem Schritt unterwegs sind.
- Sie werden dann automatisch einen Gang herunterschalten und den Kopf frei bekommen.
- Nehmen Sie die Natur um sich herum bewusst wahr.
- So, wie sie sich verändert, wachsen auch wir an den Aufgaben, denen wir uns stellen.

Nehmen Sie während Ihres kleinen Ausflugs tiefe Atemzüge und achten Sie auch auf die Gerüche. Halten Sie Augen und Ohren offen, schärfen Sie Ihre Sinne. Wer einen Garten hat, kann gewisse Arbeiten bei schönem Wetter auch draußen erledigen. So verbindet man das Nützliche mit dem Angenehmen.

Mit der Natur in Verbindung zu sein, ist ein wichtiger Bestandteil Ihrer kleinen Auszeit, dafür müssen Sie sich Zeit nehmen. Aber auch im Alltag dürfen Sie den Kontakt dazu nicht verlieren. Auch in Ihrem eigenen Reich, und sei es noch so klein, können Sie sich ohne großen Aufwand ein Stück Natur schaffen und bewahren. Stellen Sie sich Pflanzen und Kräutertöpfe in die Wohnung und beobachten Sie deren Wachstum. Frische Blumen bringen darüber hinaus Farbe in den Alltag. So wird Sie die Grünkraft immer stärken können und Sie davor bewahren, dass Sie sich in den eigenen vier Wänden vergraben.

Die Natur auf sich wirken lassen:

„Geh in den Wald! Da warten die Bäume auf Dich. Herrliche Bäume, die schweigend von der Stille zehren und von dem Saft, der bis in die letzten Zweigspitzen steigt." (8) Diese Empfehlung des flämischen Ordensmanns Phil Bosmans sollten wir uns in jeder Jahreszeit zu eigen machen. Wenn wir die meiste Zeit des Tages in beheizten Räumen verbringen, schenkt einem die Luft des Waldes neue Kraft. Man möchte sich die Lungen vollsaugen mit der frischen Waldluft, die uns die trüben Gedanken aus dem Kopf bläst und ihn frei macht für frische Energien, belebende Ideen, neue Impulse. Ge-

hen Sie zügigen Schritts, den Blick nach vorne, eine Runde durch den Wald. Es muss nicht die große Tour sein, ein kleiner Spaziergang reicht bereits, damit Sie aus den Kraftquellen des Waldes tanken und mit neuer Energie in den Alltag zurückkehren können.

„Versuche stets, ein Stückchen Himmel über Deinem Leben freizuhalten." (Marcel Proust)

Zeit für kulturelle Impulse

Kulturelle Unternehmungen – bei vielen Menschen bleibt dies im Alltag auf der Strecke. Mit Job, Familie, Haushalt ist man oft so eingespannt, dass es vielfach bei dem Wunsch bleibt, in eine Ausstellung, ins Theater, Kino, Kabarett oder Konzert zu gehen.

Jetzt können Sie sich diesen Wunsch erfüllen. Kulturelle Angebote gibt es in jeder Kleinstadt, man muss sich nur rechtzeitig informieren und darum kümmern. Das sollten Sie vor Ihrer kurzen Auszeit vom Alltag tun. Das Internet ist bei der Angebotsübersicht, -auswahl und Kartenbestellung hilfreich. So sind Sie auch nicht an Öffnungszeiten von Theaterkassen beispielsweise gebunden.

Je länger im Voraus Sie Karten buchen, desto länger währt auch die Vorfreude. Diese kulturelle Unternehmung soll ein kleines Highlight während Ihres persönlichen „Klosterwochenendes" sein.

Auch die Ordensleute gönnen sich solche kleinen Highlights, mindestens einmal pro Woche. Als Rekreation (lat. „reficere" = erfrischen) sind sie fest im Klosteralltag verankert. Sie bringt im übertragenen Sinne frischen Wind auch hinter Klostermauern. Dabei werden Karten- und Brettspiele hervorgeholt, manchmal auch gemeinsam ein Film angeschaut, Musik gemacht oder getanzt. Ich kenne Klöster mit Skatgruppen oder auch eigenen Fußballmannschaften. Die Vorlieben der einzelnen Konvente sind unterschiedlich, aber sie wissen alle, dass das Leben nicht nur aus Gebet und Arbeit bestehen sollte.

Gönnen Sie sich etwas Gutes während Ihrer Auszeit. Sie werden davon lange profitieren.

Besondere Ereignisse sollten auch einen speziellen Rahmen haben. Machen Sie sich dafür ein wenig zurecht und ziehen Sie sich etwas Schönes an. Den Besuch der Theateraufführung, der Ausstellung oder was auch immer Sie sich vorgenommen haben, können Sie beispielsweise mit einem vorher stattfindenden Stadtbummel verbinden. Aber vielleicht gehen Sie auch lieber ins Kaffee. Um nach der Vorstellung das Gesehene noch ein wenig nachwirken und den Abend angemessen ausklingen zu lassen, könnten Sie etwas Leckeres essen gehen.

Ob Sie die Unternehmung ganz alleine durchführen, um völlig ungebunden zu sein, oder lieber mit einem anderen Menschen teilen, sei Ihnen überlassen. Lassen Sie sich aber von Ihrer Begleitung nichts aufdrängen, schließlich sind das Ihre Tage, in denen Sie Abstand vom Alltag gewinnen wollen.

Genießen Sie die diese Stunden ohne schlechtes Gewissen, denn Sie haben es sich verdient. Vielleicht ist dieser kulturelle Impuls, den Sie sich gönnen, ein Anfang für weitere Unternehmungen dieser Art. „Wer nie im Augenblick lebt, muss irgendwann einmal bekennen, dass er nie wirklich gelebt hat. Immer war er zu jung oder zu alt. Nie war er passend. Nie hat er den Augenblick ausgekostet. Jede Zeit und jedes Alter ist gut." (9)

Packen Sie's an: Was Sie schon immer einmal machen wollten

Jeder von uns hat Träume. Wir möchten etwas machen, bewegen, erleben, was nicht zu unserem Alltag gehört. Manchmal sind diese Träume sehr präsent, in anderen Fällen tauchen sie auf und geraten wieder in Vergessenheit. Hin und wieder sind die Träume sehr realitätsbezogen, manchmal aber auch reine Phantasien. Träume gehören zu unserem Leben, wer nicht mehr träumt, hat resigniert.

Gehen Sie während Ihrer Auszeit Ihren Träumen doch einmal auf die Spur. Jetzt haben Sie die Zeit dafür. Machen Sie sich eine kleine Wunschliste und scheuen Sie sich nicht, in diese auch wirklich Ausgefallenes aufzunehmen. Es ist bereits ein wichtiger Schritt, wenn Sie Ihre Wünsche und Träume zu Papier gebracht haben.

Suchen Sie sich aus Ihrer Liste den Punkt heraus, der Ihnen am wichtigsten erscheint. Lassen Sie sich genau durch den Kopf gehen, wie Sie Ihren Wunsch mit Bedacht Schritt für Schritt umsetzen können. Manchmal zeigt sich, dass die Realisierung von Veränderungen gar nicht so schwierig ist, wie man immer dachte.

Ihre Liste könnte beispielsweise folgende Punkte enthalten:

Was wollte ich immer schon einmal in meinem Leben machen und habe mich bisher nicht getraut?	Ist dieser Wunsch realisierbar? Falls ja, wie kann ich ihn umsetzen?	Wieviel Zeit brauche ich dafür?
Welcher Wunschtraum kommt immer wieder hoch?	Ist er ein Hirngespinst oder durchaus im Bereich des Möglichen?	Gibt es Hindernisse, und wie kann ich sie beseitigen?
Was wollte ich in meinem Leben schon seit langem verändern?	Wie kann ich das angehen?	Wer kann mich dabei unterstützen?

....

....

....

....

....

Diese Auszeit zu Hause könnte die Chance sein, eine Veränderung in Ihrem Leben zu schaffen. Vielleicht sogar Ihre Träume zu leben. Veränderungen schaffen Neues und setzen Neues frei. Wer sich ändert, bleibt lebendig. Deshalb nutzen Sie die Chance und packen Sie's an – vertrauen Sie sich. „Vertrauen ist eine Grundlage des Lebens ... Vieles von uns gleicht einem Fliegen im freien Raum. Es ist wunderbar, frei wie ein Vogel in der Luft zu schweben." (10)

(6) Siehe Marc Luy, Warum Frauen länger leben, Erkenntnisse aus einem Vergleich von Kloster- und Allgemeinbevölkerung, Materialien zur Bevölkerungswissenschaft des Bundesinstituts für Bevölkerungsforschung, Heft 106, 2002
(7) Aus: Hildegard von Bingen, Wisse die Wege, Frankfurt am Main 1997, S. 54
(8) Aus: Phil Bosmans, Mensch, ich hab Dich gern, Freiburg 2010, S. 32
(9) Aus: Anselm Grün, Das Glück beginnt in Dir, Freiburg 2009, S. 121
(10) Aus: Henri Nouwen, Leben hier und jetzt, Freiburg 2000, S. 22

V. Sich etwas gönnen

Was erlaube ich mir – die passende Ernährung im „Kloster zu Hause"

Bereits die Ordensväter wussten, dass leibliche und seelische Gesundheit eine Einheit bilden. Hat man leibliche Beschwerden, so ist auch das seelische Befinden beeinträchtigt, und umgekehrt. Ausgewogene Kost zu regelmäßig stattfindenden Mahlzeiten ist daher Grundbestandteil eines stabilen Lebenskonzepts. Dies erkannte auch der heilige Benedikt. In seiner im 6. Jahrhundert n. Chr. verfassten Regel legte er daher Anzahl, Zeitpunkt und Umfang der Mahlzeiten detailliert fest. Grundlage dafür ist das „rechte Maß". Niemand sollte hungrig vom Tisch aufstehen und sich über den Tag schleppen. Es sollte jedoch auch kein Ordensmitglied Völlerei betreiben. Es galt also auch hier das Prinzip der Ausgewogenheit.

Ganz konkret äußerte sich Benedikt in seinem Regelwerk zum „Maß der Speise": „Nach unserer Meinung dürften für die tägliche Hauptmahlzeit, ob zur sechsten oder neunten Stunde, für jeden Tisch mit Rücksicht auf die Schwäche einzelner zwei gekochte Speisen genügen. Wer etwa von der einen Speise nicht essen kann, dem bleibt zur Stärkung die andere ... Gibt es Obst oder frisches Gemüse, reiche man es zusätzlich. Ein reichlich bemessenes Pfund Brot genüge für den Tag, ob man nur eine Mahlzeit hält oder Mittag- und Abendessen." (11) Benedikt akzeptierte, dass nicht jeder Mensch alle Speisen mag, und empfahl deshalb, eine Auswahl von zwei Speisen zu reichen. So war die Chance, bei Tisch eine Mahlzeit vorzufinden, die einem zusagte, größer. Nehmen konnte man, soviel man brauchte. Benedikt ordnete auch an, dass Tischdiener während der Mahlzeiten ihren Mitbrüdern die Speisen reichen sollten. Der entsprechende Dienst sollte im Rotationsverfahren von allen Konventmitgliedern wahrgenommen werden. So wird es in den meisten Klöstern auch heute noch praktiziert.

Der Mönchsvater Benedikt legte konkret bestimmte Stunden fest, an denen die Mahlzeiten eingenommen werden sollten. Vor Sonnenuntergang, jedoch spätestens um 19 Uhr, gab es das Abendbrot. Es sollte so eingenommen werden, dass man bei Tisch kein Lampenlicht benötigte. Das bedeutete, dass man vor Einbruch der Dunkelheit aß. Benedikt legte diese Zeit fest, um künstliches Licht zu sparen. Heute wissen wir jedoch, dass diese Regelung auch aus medizinischer Sicht Sinn macht. Denn Mahlzeiten nach 19 Uhr belasten den Körper und verursachen Schlafprobleme, weil die Darmtätigkeit den Körper nicht zur Ruhe kommen lässt. Die Darmmuskulatur möchte ihre Aktivitäten nachts weitgehend einstellen.

Man sieht am Beispiel Benedikts, dass die Ernährung in den Klöstern immer mit Bedacht erfolgte. Bei uns ist die Nahrungsaufnahme manchmal zur Nebensache geworden. Man nimmt das Essen „nebenher" zu sich, vielleicht am Schreibtisch oder vor dem Fernseher. Speisen kann man inzwischen fast überall rund um die Uhr kaufen, 24 Stunden am Tag sind Snacks an Tankstellen, Imbissbuden oder am Bahnhofskiosk beispielsweise verfügbar. Damit wird eigentlich auch das, was man zu sich nimmt, beliebig. Es dient lediglich zum Sattmachen: „Fast Food" statt „Slow Food" – das schnell zubereitete und rasch konsumierte Essen. Falls dies bei Ihnen auch ein wenig der Fall sein sollte, könnten Sie das „Klosterwochenende zu Hause" als Anfang für eine Änderung Ihrer Essgewohnheiten nutzen.

Regelmäßiges Essen zu festgelegten Zeiten ist die Basis ausgewogener Ernährung.

Wie bereits in Kapitel II beschrieben, sollten Sie sich bei der Vorbereitung Ihrer Auszeit überlegen, was Sie sich zu essen machen möchten. Machen Sie sich einen kleinen Speiseplan und kaufen Sie ein, bevor Sie in Ihr Wochenende starten. In diesen Tagen haben Sie Zeit, sich der Ernährung bewusster zu widmen, als Sie dies möglicherweise sonst können. Dies bedeutet aber nicht, dass Sie aufwendige Rezepte zubereiten müssen. Leckeres und gesundes Essen hat nicht mehr Arbeitsaufwand zur Folge.

Achten Sie auf die Auswahl und Zusammenstellung der Speisen ebenso wie auf die Mengen, die Sie zu sich nehmen.

Dabei sollten Sie regionale Produkte der Saison bevorzugen. Daraus kann man abwechslungsreiche und schmackhafte Speisen zubereiten und sich auch von traditionellen Klosterrezepten inspirieren lassen.

Rezeptbeispiele aus der Klosterküche

Bratlinge aus Getreideschrot (für 4 Personen)

100 g Roggenschrot, 50 g Weizenschrot, 50 g Grünkernschrot, 1–2 gehackte Zwiebeln, 1–2 Eier, Kräutersalz, Paprikapulver, Gewürzhefe (Reformhaus), 1 Prise Salbei, 1–2 EL Kräuter

Zubereitung:
Die verschiedenen Schrotsorten so lange mit Wasser vermengen, bis ein fester Teig entsteht. Diesen mindestens 20 Minuten quellen lassen. Anschließend die gehackten Zwiebeln, die verquirlten Eier und die Kräuter hinzufügen. Für die Kräutermischung eignen sich Petersilie, Dill, Schnittlauch, Kresse und Estragon. Aus dem fertigen Teig handtellergroße Bratlinge formen, in Butter oder Öl von beiden Seiten ausbacken.

Sauerampfersuppe (für 4 Personen)

2 EL fein gehackte Zwiebeln, 1 EL Butterfett oder Öl, 50 g Mehl, 1 L Fleisch- oder Gemüsebrühe, 2 gehäufte Suppenteller klein gehackter Sauerampferblätter, 2 Bärlauchblätter, 2 Gierschblätter, 2 Brennesselblätter, Salz nach Geschmack

Zubereitung:
Die Zwiebeln in Fett glasig andünsten, dann das Mehl dazugeben, mit den Zwiebeln vermischen und kurz durchrühren. Anschließend mit der Brühe aufgießen und 10 Minuten köcheln lassen. Nun den fein geschnittenen Sauerampfer sowie

die weiteren Kräuter dazugeben, kurz aufkochen lassen, je nach Geschmack etwas Sahne hinzufügen und servieren.

Reis-Gemüsebällchen (für 4 Personen)

800 g gemischtes Gemüse, z.B. Blumenkohl, Spinat, Brokkoli, 1 gehackte Zwiebel, 40 g Butter oder Fett zum Dünsten der Zwiebelwürfel, 1/8 L Gemüsebrühe, 2 Tassen gekochter Reis, 3 Eier, 100 g Haferflocken, 2 EL Grünkernmehl, 150 g in Würfel geschnittener Schafskäse, 4 Salbeiblätter, 1 TL klein gehackter Schnittlauch, 1 Prise Salz, 60 g Butterfett zum Ausbacken

Zubereitung:
Das Gemüse gründlich säubern und klein schneiden. Die Zwiebelwürfel in Butterfett glasig dünsten. Anschließend das Gemüse sowie die Gemüsebrühe dazugeben und alles zum Kochen bringen. 10 Minuten kochen, dann abkühlen lassen.

Nun die Gemüsemasse mit den restlichen Zutaten – außer den 60 g Butterfett – vermischen und zu kleinen Bällchen formen. Schließlich die 60 g Butterfett erhitzen und die Bällchen darin ausbacken. (12)

Wie bereits bei diesen Rezepten erkennbar, legen die Ordensleute auch bei der Zubereitung ihrer Speisen Wert auf „Grünkraft". Kräuter machen die Speisen schmackhaft, wirken aber auch vorbeugend gegen Krankheiten.

Lauch, Knoblauch, Schnittlauch oder auch Bärlauch schützen vor krankmachenden Pilzen und Arteriosklerose. Außerdem wirken sie keimhemmend, fett- und blutdrucksenkend. Kräuter wie Beifuß, Brunnenkresse, Kümmel oder Dill stärken die Verdauung und wirken sich positiv auf das gesamte Wohlbefinden aus. Genauso wie Fenchelfrüchte, Kardamon, Liebstöckel, Löwenzahn, Petersilie, Rosmarin, Rettich, Salbei, Schafgarbenkraut und Wacholderbeeren. Sie können ihre Wirkung beispielsweise in Salat, Soßen oder Süßspeisen entfalten.

Die Dessertküche verfeinern Anis, Ingwer, Minze, Süßholz oder Zimt.

Lassen Sie sich einmal von den Rezepten der Ordensleute inspirieren. Und vergessen Sie nicht: „Das Auge isst mit." Decken Sie also den Tisch mit Tischwäsche und dekorieren Sie ihn mit Blumen und Kerzen. Es schmeckt wesentlich besser in einem angenehmen Ambiente.

Was Sie in Ihrer kurzen Auszeit testen, können Sie auch ohne Aufwand in den Alltag übernehmen. Und drei weitere Anregungen aus dem Klosterleben sollten Sie beherzigen:

- Legen Sie die Zeiten für Ihre Mahlzeiten fest und halten Sie sie ein.
- Das Essen sollte ein Gemeinschaftserlebnis sein. Eine Mahlzeit des Tages sollte daher der Familientreffpunkt sein, zu dem sich alle einfinden. Dann können Sie sich austauschen über die Ereignisse des Tages.
- Überlegen Sie doch einmal, ob bei Ihnen zu Hause auch ein Rotationsverfahren einzuführen ist. Einkaufen, kochen und den Tisch decken könnte doch im Wochenturnus von verschiedenen Mitgliedern Ihres Haushalts übernommen werden, dann liegt die Last nicht auf den Schultern einer Person.

Worauf kann ich verzichten – vielleicht auch einmal klösterliches Fasten ausprobieren

Fasten hat Tradition im Kloster. Traditionelle Fastentage sind Mittwoch und Freitag. Auch heute noch werden in den meisten Ordenshäusern an diesen Tagen fleischlose Speisen angeboten. Vor den kirchlichen Hochfesten wie Ostern und Weihnachten üben die Nonnen und Mönche ebenfalls Verzicht. Das kann in jedem Kloster ein wenig anders vorgenommen werden. Manchmal wird Süßes beispielsweise vom Speisplan gestrichen, in anderen Konventen reduziert man die Speisen, streicht die Fleischgerichte oder entscheidet sich für das Heilfasten, indem man auf feste Nahrung verzichtet und nur Wasser, Kräutertees und Brühen zu sich nimmt.

Dabei geht es nicht nur um körperliches Entschlacken, sondern auch um ein mentales Entrümpeln, das mit dem Nahrungsverzicht einhergeht. Menschen mit Fastenerfahrung wissen diese Zeit zu schätzen.

Sie könnten den Abstand zum Alltag auch als Abstand von den täglichen Essgewohnheiten nutzen. Wer jedoch keine Fastenerfahrung hat, muss sich unbedingt von einem Arzt vorher beraten und während der Fastentage begleiten lassen.

Der Entschluss zum Fasten muss aus innerer Überzeugung kommen. Wer rasch ein paar Pfunde loswerden möchte, um seine Bikini-Figur für den Sommer zu verbessern, für den ist das Heilfasten nicht geeignet. Fasten bedeutet in gewisser Weise einen Neuanfang. Mit entsprechendem Abbau von schlechten, aber vielleicht lieb gewonnenen Gewohnheiten. Fasten birgt die Chance, Abhängigkeiten aufzulösen und sich von Dingen zu befreien, die einen gefangen halten.

Dies erfordert jedoch Entschlussfreudigkeit, kostet Überwindung und benötigt Durchhaltevermögen. Deshalb muss man es sich sehr gut überlegen, ob die Entscheidung, Heilfastentage durchzuführen, im Einzelfall überhaupt richtig ist. Denn nur, wer positiv dazu steht und an den Erfolg glaubt, wird auch Gewinn aus den Fastentagen ziehen. Ansonsten können sie zur Quälerei werden.

Fasten kann einen Neuanfang bedeuten, dafür ist es nie zu spät – wie aus folgendem Dialog ersichtlich. Der Wüstenmönch Altvater Moses fragte den Altvater Silvanos: „Kann der Mensch täglich einen neuen Anfang machen?" Dieser antwortete: „Wenn er bereit ist, hart an seiner Seele zu arbeiten, kann er in jedem Augenblick einen neuen Anfang machen." (13)

In diesem Sinne soll sich jeder, der heilfasten möchte, umfassend informieren, bevor er sich zu diesem Schritt entschließt. Und die eigene Entscheidung selbstkritisch hinterfragen. Man sollte sich in diesen drei Tagen „Kloster zu Hause" nicht etwas aufbürden, hinter dem man nicht unbedingt steht. Im übrigen könnten diese Tage auch nur der Anfang einer Fastenwoche sein, denn hierfür sollte man mindestens sieben Tage einplanen. (14)

Aber vielleicht ist ein Verzicht auf ungesunde oder ungeliebte Gewohnheiten in diesen Tagen möglich – ein Fasten im übertragenen Sinn sozusagen. Auch in diesem Fall könnte eine Liste ein wenig Übersicht verschaffen. Sie könnte folgende Punkte enthalten:

- Welche kleinen, Ihnen unangenehmen Gewohnheiten wollten Sie immer schon einmal ändern?
- Liegt Ihnen das Thema Ernährungsumstellung auf dem Magen?
- Sind es alte und eingefahrene Verhaltensgewohnheiten, die Sie stören?
- Möchten Sie „entrümpeln" – vielleicht auch Ihr persönliches Ambiente?
- In welcher Form möchten Sie „abspecken", und welche Möglichkeiten gibt es für Sie?

Die gute Ausstrahlung – Pflege für den Körper

In den Tagen Ihrer Auszeit zu Hause können Sie auch Ihrem Körper Gutes tun. Ein ausgiebiger Saunabesuch wäre beispielsweise eine schöne Unterbrechung des Alltags. Dort können Sie dem Körper und damit auch der Seele Gutes tun. Verwöhnen können Sie sich aber auch zu Hause – mit Masken, Peelings, Lotionen oder Ähnlichem nach Rezepten aus dem Kloster. Man würde es nicht unbedingt annehmen, aber auch hinter Klostermauern hat man immer mit natürlichen Mitteln Pflegeprodukte für den eigenen Gebrauch hergestellt. Manche Ordenshäuser vertreiben ihre Produkte auch.

Ein Beispiel dafür ist die Benediktinerabtei Saint Wandrille, im Département Seine-Maritime in der Normandie gelegen. Die Gründung aus dem 7. Jahrhundert wurde im 9. Jahrhundert von den Wikingern zerstört. Seit nunmehr rund 650 Jahren ist sie jedoch wieder belebt. Die dort ansässigen Benediktinermönche bieten ihren Gästen an einem wunderschönen Ort nicht nur Gästezimmer im historischen Ambiente an, sondern produzieren – neben weit über die Grenzen der Normandie bekannten Reinigungs- und Schuhpflegemitteln – auch Hautcrèmes.

Blüten und Honig werden unter anderem für die Produktion verwendet. Bei der Führung durch Abtei und angrenzende Gärten erzählt der temperament- und humorvolle Gästepater Frère Lucien Magnier, dass manche Besucher hier nicht nur die Ruhe suchen und sich im Schweigen üben wollen, sondern auch Vorräte an Crèmes mitnehmen, um ihrer Haut Gutes zu tun. Natürlich sind die Mönche nicht mehr mittelalterlich orientiert, was den Vertrieb ihrer Produkte betrifft, sondern bieten auch Bestellmöglichkeiten via Internet an (www.st-wandrille.com). So gelangen die Pflegecrèmes der Mönche in alle Welt.

Nach historischen Rezepten produzieren auch die Benediktinermönche im oberitalienischen Kloster Praglia seit rund 30 Jahren ihre eigene Kosmetiklinie. Von den rund 35 hier lebenden Mönchen sind zwei ausschließlich mit der Herstellung der Kosmetika beschäftigt.

Padre Giustino Pege, ausgebildeter Chemiker, wird unterstützt von einem Assistenten. Seit 15 Jahren lebt er hier, arbeitet an der Entwicklung neuer Produkte, verbessert die Ingredienzen der bereits bestehenden, pflegt den Kräutergarten, wartet die Maschinen. Mehr als 30 Jahre alt sind die Produktionsgeräte, mit denen die Kosmetika hergestellt werden. Damals hatte das Kloster noch eine eigene Apotheke. Die Bestandteile vieler Medikamente stammten aus dem klostereigenen Kräutergarten.

Bis auf wenige Ausnahmen liefert der Kräutergarten auch heutzutage alles, was zur Herstellung der Kosmetik benötigt wird: darunter Ringelblumen, Kamille, Brennesseln, Linden und natürlich der Bienenstock, denn Bienenwachs und Honig sind in vielen Produkten enthalten.

Sie können ohne großen Aufwand auch selbst Pflegeprodukte herstellen und für den eigenen Gebrauch verwenden. Einige Beispiele aus dem Klosterlaboratorium zeigen Ihnen, wie Sie dies umsetzen können:

„Winterhaut"

Der Frühling ist die Zeit der Erneuerung. Auch die Hautzellen teilen sich schneller. Die von Heizungsluft und kaltem Wind strapazierte Haut bedarf einer besonderen Pflege.

Beginnen sollte man mit einem Peeling, z.B. aus Mandelkleie (Reformhaus), das die alten Hautschuppen entfernt.

Danach eine feuchtigkeitsspendende Maske auftragen, die die Haut belebt und glättet, z.B. eine Apfelmaske (Naturhandel).

Zum Abschluß ein Mittel gegen Fältchen: das Fruchtfleisch einer reifen Avocado mit der Gabel zerdrücken, auf die Fältchen auftragen, 10 Min. einwirken lassen, dann gründlich abwaschen.

Müde Haut

Zur Erfrischung und Verfeinerung des Hautbilds ist Gurke ein altbewährtes Mittel. Dank ihres hohen Feuchtigkeitsgehalts und der in ihr enthaltenen Vitamine A und C wirkt sie hautglättend, belebend und entzündungshemmend. Das kostbare Rosenwasser wurde von alters her als Schönheitsmittel verwendet.

Um müde Haut munter zu machen, ist auch eine Quark-Gurken-Maske sehr effektiv, denn zusätzlich zu den Inhaltsstoffen der Gurke wirken noch die Proteine aus dem Quark, die die Hauterneuerung fördern.

Erfrischungslotion: eine ungespritzte, gewaschene Salatgurke in feine Stücke hobeln. Nach ca. einer Stunde den inzwischen gezogenen Gurkensaft durch ein feinmaschiges Leinentuch abfiltern und mit 20 ml Rosenwasser vermischen. Lotion in eine Glasflasche füllen und möglichst rasch verbrauchen.

Gesichtsmaske: ein Stück geschälte Salatgurke im Mixer oder auf einer Reibe zerkleinern. Die Gurkenmasse mit ein bis zwei Esslöffeln Quark verrühren, Mischung auftragen und etwa 15 Min. einwirken lassen. Mit warmem Wasser abwaschen.

Müde Haut, glanzlose Haare und brüchige Nägel

Hier hilft eine Frühjahrskur mit Kieselerde, die dem Körper wichtige Mineralstoffe zuführt und das Zellwachstum anregt.

Zwei bis drei Esslöffel Kieselerde (Apotheke) am Morgen z.B. mit Joghurt verrühren oder unters Müsli mischen. Als Kur etwa drei Wochen anwenden.

Stumpfe Haare

Die Kamille gehört zu den Allround-Mitteln in der Klosterheilkunde und ist auch in der Schönheitspflege beliebt. Eine Kamillenspülung verleiht stumpfen Haaren seidigen Glanz.

Die *Haarspülung* stellt man wie Tee her: einen gehäuften Esslöffel Kamillenblüten mit kochendem Wasser übergießen, zugedeckt ca. 10 Minuten durchziehen und abkühlen lassen, anschließend abseihen und mit dem Sud die Haare ausspülen. Wer blondes Haar besonders verwöhnen will, fügt der Kamillenspülung noch etwas Zitronensaft hinzu.

Kräftigende Haarpackung

Mischung herstellen, die zur Hälfte aus einer im Handel erhältlichen Haarkur und zur Hälfte aus Olivenöl besteht. Ins Haar einreiben, dieses mit einem gewärmten Handtuch umwickeln und 20 Minuten einwirken lassen. Mit Shampoo auswaschen. Etwa zweimal pro Monat anwenden.

Müde Augen

Fenchel wird seit Jahrhunderten in der Klosterheilkunde bei Sehstörungen eingesetzt. Wenn es darum geht, den Blick zu klären oder müde Augen wieder munter zu machen, ist Fencheltee auch heute noch ein einfaches und wirksames Mittel. Einen Esslöffel Fenchelsamen (Reformhaus) mit einer Tasse kochendem Wasser übergießen, längere Zeit zugedeckt durchziehen und abkühlen lassen, zum Schluss abseihen. Watte-Pads mit dieser Flüssigkeit tränken und als Augenkompressen auflegen.

Für weiche Körperhaut

Einen halben Liter Buttermilch in einer Badewanne mit ca. 38°C warmem Wasser gut verrühren und darin 15–20 Min. baden. Anschließend die Haut nicht mit einem Tuch abreiben, sondern nur vorsichtig abtupfen, damit der Film erhalten bleibt.

Wasserkur von innen

Bereits die mittelalterliche Klostermedizin kannte die heilbringende Wirkung von Wechselbädern. Wasserkuren können aber auch innerlich angewendet werden. Schon das tägliche Trinken einer Flüssigkeitsmenge von zwei Litern – Kaffee und alkoholische Getränke nicht eingerechnet – fördert die Gesundheit. Die zahlreichen Mineralwasser haben dabei unterschiedliche Wirkungen zur Folge.

Kohlensäurehaltiges Mineralwasser regt Appetit und Verdauung an. *Wasser aus einer Solequelle* ist bei starkem Schwitzen sinnvoll, löst den Schleim und wirkt beruhigend.

Schwefelhaltiges Wasser kann Beschwerden des Bewegungsapparates lindern, wird auch bei Hautkrankheiten empfohlen.

Jodhaltiges Wasser empfiehlt sich nicht nur bei Unterfunktion der Schilddrüse, es kann auch dazu beitragen, den Blutdruck zu senken.

Sie sehen also, in den Klöstern war man immer kreativ, was die Herstellung von Pflegemitteln betrifft. Greifen Sie diese Ideen doch auf und stellen Sie Ihre eigenen Produkte her, die Sie selbstverständlich nicht nur in Ihren „Klostertagen zu Hause" anwenden sollten, sondern regelmäßig auch im Alltag. Nach dem Motto der heiligen Teresa von Avila: „Tu deinem Leib Gutes, damit deine Seele Lust hat, darin zu wohnen."

(11) Aus: Die Regel des heiligen Benedikt, a.a.O., Kap. 39, 1–4

(12) Rezepte für Sauerampfersuppe und Reis-Gemüsebällchen aus: Petra Altmann/Sr. Fidelis Happach, Gesunde Ernährung aus dem Kloster, München 2008: Der Band enthält zahlreiche weitere Klosterrezepte für alle Jahreszeiten

(13) Aus: Michael Cornelius, Die Weisheit der Wüstenmönche, München 2005, S. 175

(14) Siehe hierzu auch: Dr. Petra Altmann, Heilfasten nach der Klostermethode, München 2008

VI. Spirituelle Impulse

Aufmerksamkeit üben

Jeglicher Anlass sei Dir für eine Aufmerksamkeit recht", mahnte Ovid (43 v. Chr. – 17 n. Chr.). In der täglichen Hektik geht uns die Aufmerksamkeit für viele Dinge verloren. Wir sind gefordert im Beruf, beansprucht von der Organisation des Haushalts und gefragt von der Familie. Da ist ohnehin für viele Menschen „Multi-Tasking" angesagt. Bei diesem Einsatz können wir einfach nicht auf alle Dinge das Augenmerk richten, das sie verdient hätten. Jetzt, mit Abstand zum Alltag, haben Sie die Chance dazu.

Aufmerksamkeit hat viele Facetten. Sie bedeutet, offenen Auges und Ohrs durch die Welt zu gehen.

- Wir sollen unser Augenmerk auf etwas richten, das nicht mit rechten Dingen zugeht, und nicht die Augen verschließen.
- Wir müssen aufhorchen, wenn wir etwas hören, das nicht in Ordnung ist, und nicht die Ohren dicht machen.
- Wir haben die Aufgabe, einzuschreiten, wenn Unrecht geschieht, und nicht wegzugehen.

Aufmerksamkeit bedeutet, dass ich „auf"merke und etwas „be"merke.

Das Objekt meines Interesses bin erst einmal ich selbst. Wenn ich feststelle, dass irgend etwas in meinem Leben auf Abwege gerät, muss ich innehalten und meine Richtung ändern.

Aufmerksamkeit gebührt natürlich gleichermaßen meinen Mitmenschen. Ich gebe dies zu erkennen, indem ich mich auf sie konzentriere, sie beachte und ihnen damit auch meine Achtung schenke.

Jeder Mitmensch soll so geachtet werden,
wie man selbst geachtet werden möchte.

Ihre kurze Auszeit, die Ruhephasen und die stillen Momente können Sie jetzt dazu nutzen, den Unstimmigkeiten in Ihrem Alltag ein wenig auf den Grund zu gehen. Bestimmt haben Sie bei manchen Anlässen schon mal gedacht: „Das gefällt mir eigentlich nicht." Aber Sie hatten dann keine Zeit, Ihr Unbehagen näher zu analysieren. Jetzt könnten Sie es eigentlich tun. Natürlich kann man in wenigen Tagen nicht sein ganzes Leben aufräumen, aber doch einmal einen Anfang machen.

Seine Mitmenschen und sich selbst beachten und achten

Verbunden mit der Aufmerksamkeit ist auch die Achtsamkeit. Beide Werte bilden eigentlich eine Einheit. Wenn ich aufmerksam bin, dann achte ich eben auch mehr auf mich und mein Umfeld.

„Versuche jeden Tag neu, die Menschen gern zu haben, die um dich herum sind. Versuche in der Stille, die Wunden der Menschen zu heilen, die weinen, auch wenn sie ihr Leid hinter einer freundlichen Maske verbergen. Schenk denen etwas Liebe, die zu wenig geliebt werden. Das Glück der anderen Menschen liegt in deinen Händen", schrieb der flämische Ordensmann Phil Bosmans. (15) In dieser Form kann ich nur auf die anderen zugehen und mit ihnen umgehen, wenn ich erst einmal auf mich selbst achte. Genau wie bei der im vorhergehenden Kapitel beschriebenen Aufmerksamkeit muss ich von mir selbst ausgehen.

⟶ Achte ich auf mein Verhalten?
   Wie ist mein Umgang mit mir selbst?
   In welche Richtung gehen meine Gedanken?
   Welche Worte wähle ich?
   Welche Gesten bringe ich zum Ausdruck?
⟶ Mag ich mich eigentlich so, wie ich bin?

Achtsamkeit heißt erst einmal, gut mit sich selbst umzugehen. Dazu gehört, sich selbst nicht zu überfordern. Menschen, die sich zu hohe Ziele setzen und sie dann meist verfehlen, werden unzufrieden mit sich selbst. Es ist wichtig, seine Grenzen zu kennen und sie zu achten. Das bedeutet nicht, in seiner Entwicklung zu verharren. Es ist notwendig, immer wieder Neues zu lernen und auszuprobieren, aber dabei sollte man sich Ziele setzen, die realistischerweise auch zu erreichen sind. Schritt für Schritt kann man so sein Wissen erweitern, seine Kenntnisse ausbauen und seine Fähigkeiten vermehren und – sich darüber freuen sowie Achtung vor sich selbst haben. Dieses Schritt für Schritt beinhaltet auch ein regelmäßiges Innehalten und darüber Nachdenken, was die eigene Entwicklung für einen selbst bedeutet. Wohlgemerkt, dies ist kein Plädoyer für eine permanente innere Nabelschau, aber: Wer in sein Inneres horcht, wird schnell feststellen, ob etwas nicht im Lot ist.

Ebenso sorgsam, wie man mit sich selbst umgeht, muss man auch mit anderen Menschen verfahren. Sie sind unser wertvollstes Gut. Dies heißt, jedem mit Achtung zu begegnen, und sei er mir in seinem Verhalten noch so fremd. Wenn ich mich auf Menschen einlasse, die ganz anders sind als ich selbst, habe ich vielleicht die Chance, etwas ganz Neues von ihnen zu lernen.

Wenn ich auf andere achte, merke ich möglicherweise, wenn es ihnen nicht so gut geht. Vielleicht kann ich sie unterstützen. Oft achten wir nicht darauf, wenn jemand unsere Hilfe brauchen könnte.

- Überlegen Sie einmal, ob es in Ihrem Umfeld Menschen gibt, denen es an Beachtung fehlt.
- Könnte es vielleicht der ausländische Nachbar sein, den Sie mit Ihren Sprachkenntnissen unterstützen könnten?
- Ist es vielleicht die alte Dame von nebenan, die sich freuen würde, wenn Sie ihr einige Besorgungen abnehmen könnten?
- Ist es möglicherweise der unbeliebte Kollege, der so abweisend ist, weil er sich nicht verstanden und ausgeschlossen fühlt?

Seien Sie achtsam, in Ihrem Umfeld gibt es bestimmt jemanden, der Ihre besondere Beachtung verdient hat. Und übrigens: Zeigen Sie Ihren Mitmenschen, dass Sie sie achten.

Die Lektüre –
was passt zum „Kloster zu Hause"?

Grundsätzlich sollten Sie in den Tagen Ihrer Auszeit das lesen, worauf Sie Lust haben, allerdings auf berufliche Lektüre verzichten, schließlich wollen Sie ja Abstand vom Alltag bekommen. Selbst wenn Sie immer schon einmal dachten, Sie sollten dieses oder jenes Fachbuch lesen – an diesem Wochenende ist es tabu.

Fernseher oder Computer sind so feste Bestandteile unserer Welt geworden, dass wir vielfach gar nicht mehr so oft dazu kommen, ein Buch zu lesen, wie wir uns das vielleicht wünschen würden. Dabei ist das Lesen etwas ganz Besonderes:

- Lesen befördert in eine andere Welt, ohne dass wir uns von der Stelle bewegen müssen.
- Es bringt uns auf andere Gedanken, lenkt uns ab vom Alltagsgeschehen.
- Es erweitert unser Wissen, vertieft unsere Kenntnisse.
- Es regt unsere Phantasie an.

Argumente, die gegen Lektüre sprechen, gibt es eigentlich nicht. Natürlich sind wir am Abend nach unserem Tagewerk oft zu müde und froh, wenn wir noch Zeit haben, in die Zeitung zu schauen. Wenn wir mal einen Roman beginnen, dauert es manchmal Tage oder sogar Wochen, bis wir weitere Seiten

lesen können, und da haben wir die Handlung vielleicht schon wieder vergessen. Jetzt haben Sie die Chance dazu, sich einer ausführlicheren Lektüre zu widmen.

Im Kloster gehört das Lesen zum Alltag. Mehrmals täglich rezitieren und singen die Ordensleute während der Chorgebete Texte. Jedes Ordensmitglied widmet sich darüber hinaus noch seiner individuellen „Lectio Divina", der geistlichen Lesung. Oft bildet sie den Anfang oder das Ende des Tages. Und dann gibt es in vielen Klöstern die Tischlesung. Im Wechsel lesen dafür geeignete Konventmitglieder den Mitschwestern oder -brüdern etwas vor. Dies kann aktuelle Literatur sein, aber auch Texte der Ordensväter. Etwas vorgelesen zu bekommen ist ein ganz besonderer Genuss, fast ein Luxus, der in unserer Gesellschaft außerhalb der Klostermauern so gut wie nicht mehr praktiziert wird. Allenfalls Kindern macht man diese Freude. Und wenn man dem Nachwuchs etwas vorliest, kann man so auch dessen späteres Interesse an Büchern fördern.

Wie wichtig die Lektüre im Kloster ist, beschreibt Pater Anselm Grün mit folgenden Worten: „Nach dem Frühstück lese ich täglich eine dreiviertel Stunde. Für mich ist das Lesen etwas Heilsames. Das scheint es auch für andere Menschen zu sein. Denn man spricht heute von Bibliotherapie, Therapie durch das Lesen. Beim Lesen tauche ich in eine andere Welt, es ist keine Scheinwelt. Sie ist vielmehr genauso real wie die Welt der Verwaltung, in die ich nach dem Lesen eintrete. Worte schaffen eine Wirklichkeit. Ich versuche, in den Worten die Erfahrung zu spüren, die Menschen dazu gebracht hat, solche Worte zu schreiben." (16)

Ein Abenteuer der ganz besonderen Art könnte es für Sie sein, wenn Sie sich einmal den Schriften der Ordensväter zuwenden. Die Regel Benedikts beispielsweise ist zwar bereits vor rund 1.500 Jahren verfasst worden und als Leitfaden für seine Mitbrüder gedacht gewesen, aber so zeitgemäß, dass sie auch uns Menschen von heute noch viel zu sagen hat – übrigens auch solchen, die nicht im Kloster leben. In ihren Impulsen für ein Leben nach Maß ist sie absolut aktuell. (17) Außerdem hat sie den Vorteil, dass man sich immer wieder einzelne Kapitel vornehmen und darüber meditieren kann.

Auch die Schriften von Augustinus, von Teresa von Avila, von Hildegard von Bingen oder die Impulse Ignatius' von Loyola beispielsweise sind nicht nur lehrreich, sondern durchaus auch faszinierend. Versuchen Sie es doch einmal mit dieser Art von Lektüre, die auch so angelegt ist, dass man sie kapitelweise und immer wieder einmal lesen kann.

Wenn Sie sich beim „Abstand vom Alltag" mit der Lektüre befassen, könnten Sie diese wunderbare Beschäftigung doch auch in Ihrem Alltag institutionalisieren.

- Besorgen Sie sich Bücher mit Kurzgeschichten oder kurzen, in sich geschlossenen Kapiteln.
- Lesen Sie, wie die Ordensleute, jeden Tag ein Kapitel daraus und machen Sie dieses zu Ihrer „Tageslosung".
- Führen Sie sich auch einmal die „Regel des heiligen Benedikt" oder ein anderes Werk der Mönchsväter zu Gemüte.

In diesem Sinne kann man Ihnen nur eine erbauliche Lektüre und viel Spaß beim Lesen wünschen.

Das monastische Stundengebet – auch etwas für die eigenen vier Wände?

Das Stundengebet wird in manchen Klöstern bis zu sieben Mal im Tageslauf verrichtet. Die Zahl sieben folgt dem Bibelwort „Siebenmal am Tag singe ich dein Lob, wegen deiner gerechten Entscheide" (Psalm 119, 164). In verschiedenen Ordenshäusern wurden auch zwei Gebetszeiten zusammengelegt. Die Entscheidung über die exakten Zeiten und die Anzahl der gemeinschaftlich verrichteten Stundengebete ist Sache der jeweiligen Ordens- oder Klostergemeinschaft.

Als Gast im Kloster hat man in der Regel die Möglichkeit, an den Stundengebeten teilzunehmen. Das Rezitieren der Texte, das Aufstehen, Sich-Verbeugen und wieder Hinsetzen mag auf den Außenstehenden, der mit der Bedeutung dieses Ablaufs nicht vertraut ist, möglicherweise einen etwas gewöhnungsbedürftigen Eindruck machen.

Wer sich jedoch darauf einlässt, wird den Sinn dieser Riten bald erfassen.

Dieser Ablauf hat etwas Beruhigendes und – wie alle Rituale – auch etwas Heilendes. Das Wiederholen der Worte, der Gesang ist eine Form der Meditation. Es ist im übertragenen Sinne eine Art Heimat für die Ordensleute, etwas, das in ihrem Tagesablauf fest verankert ist und ihnen Sicherheit bietet.

Die erfahrenen Ordensleute können sich so von der Hektik ihrer täglichen Aufgaben distanzieren und zu sich selbst finden. Dies wird übrigens in allen Religionen praktiziert, nicht nur im Christentum. So kann man Bodenhaftung bewahren.

Eine solche Form der Meditation ist nicht nur für Ordensleute heilsam. Sie können Sie auch in Ihrem Alltag praktizieren. Wer möchte, kann hierfür auch Psalmen zur Hand nehmen, wie die Nonnen und Mönche. Aber auch andere Texte oder Bilder, mit denen Sie Abstand von Ihrem Alltag gewinnen können, sind hierfür geeignet. Wählen Sie solche aus, die eine beruhigende Wirkung auf Sie haben. Und wiederholen Sie die Texte und betrachten Sie die Bilder immer wieder. So haben Sie die Chance, nach und nach den tieferen Sinn der Worte und Darstellungen zu ergründen. In diesem übertragenen Sinne sind „Stundengebete" auch für uns geeignet.

Die Meditation – der Blick nach innen

„Sucht beim Lesen, und Ihr werdet finden beim Meditieren; klopft an beim Beten, und man wird Euch öffnen in der Kontemplation", beschrieb Johannes vom Kreuz die Verknüpfung der verschiedenen Formen des In-sich-Gehens. (18)

Wie bereits erwähnt, gehört die Meditation zum Klosteralltag. Viele Ordensleute beginnen damit ihren Tag, und für sie ist ein Leben ohne Meditation nicht mehr vorstellbar. „Die Meditation ist die Quelle, aus der ich schöpfe", sagte mir Äbtissin Laetitia Fech aus der Abtei Waldsassen einmal. Sie brachte damit stellvertretend für viele ihrer Mitschwestern und -brüder auf den Punkt, welchen Stellenwert die innere Betrachtung für sie hat.

Meditation bedeutet:
- Innehalten in der Hektik des Tages
- In sich gehen, um wichtige Dinge nicht zu „übergehen"
- Das eigene Befinden zu analysieren
- Auf sich selbst zu achten
- In der Ruhe festzustellen, ob man den Mitmenschen ausreichende Achtung entgegengebracht hat
- Neue Energien für den Alltag zu gewinnen

Regelmäßige Meditation bewirkt, dass man in Balance bleibt. „Ich lebe so mehr aus meiner inneren Mitte heraus", sagte mir einmal eine junge Klosterfrau. Wer die innere Einkehr fest in seinem Tagesplan installiert hat, wird etwas Wesentliches vermissen, wenn er darauf verzichten muss. Geübte können aus dem Stand heraus meditieren und lassen sich auch nicht durch ein lebhaftes Umfeld ablenken.

Eine Meditationsecke ist Bestandteil jeder Klosterzelle. Sie ist vielfach bestückt mit einem Sitzmöbel – beispielsweise Meditationshocker oder Stuhl –, einem Bild oder einer Statue und einem Kerzenständer. Diese Nische nutzen die Ordensleute, um Abstand von ihrem Alltag zu bekommen.

Wir in unserer Welt können uns ebenfalls eine kleine Nische schaffen, in die wir uns zurückziehen, wenn wir die Stille suchen. Wer keinen eigenen Raum zur Verfügung hat, kann sich eine Ecke der Wohnung entsprechend gestalten. Wenn dies auch nicht möglich ist, können Sie hinaus in die Natur gehen. Ein schöner Platz am Waldrand oder einem Gewässer oder auch eine Parkbank könnten dann Ihre Meditationsecke sein.

Wenn Sie viel Erfahrung haben, können Sie auch in einer belebten Umgebung für kurze Zeit in sich gehen, beispielsweise während einer Zugfahrt.

Abstand vom Alltag kann man in der Meditation vielerorts finden, und man braucht kein großes Zeitbudget dafür.

Neben einem Ort sollten Sie sich auch eine feste Zeit für Ihre innere Einkehr reservieren. Dies könnte eine kurze Betrachtungszeit am Morgen zum Beginn oder am Abend zum Abschluss des Tages sein.

Schaffen Sie sich Rituale, um der Meditation einen besonderen Rahmen zu geben. Zünden Sie sich beispielsweise eine Kerze an oder legen Sie kontemplative Musik auf. Suchen Sie sich etwas aus, das eine für Sie angenehme Atmosphäre schafft, bei der Sie abschalten können. Setzen Sie sich bequem hin. Sie sollten in dieser Stellung während der Meditation verharren können, ohne dass es irgendwo zwickt oder es Ihnen vielleicht auch in der Ruhestellung zu kalt wird. Dagegen können Sie mit Decken vorsorgen, die Sie sich um Beine und Füße legen.

Überlegen Sie, ob Sie sich eine freie Meditation wählen, das heißt, Ihre Gedanken schweifen lassen, oder sich ein „Thema" suchen.

- Während der Meditation können Sie sich beispielsweise mit einem Bild befassen, das Ihre Aufmerksamkeit gefesselt hat. Versuchen Sie, der Darstellung auf den Grund zu gehen.
- Inhalt Ihrer Betrachtung kann auch ein Erlebnis sein, das Sie innerlich beschäftigt.
- Sie können sich auch mit einem Gefühl befassen, dem Sie auf den Grund gehen möchten.

Stellen Sie sich einen Wecker, der Sie daran erinnert, wenn Ihre vorher festgelegte Zeit abgelaufen ist. Beenden Sie die Meditation auch zu diesem Zeitpunkt, Sie können ja beim nächsten Mal dort ansetzen, wo Sie aufgehört haben.

Zur Einstimmung nehmen Sie mehrere tiefe Atemzüge, um zur Ruhe zu kommen. Achten Sie auch während der Meditation auf den gleichmäßigen Atem.

Suchen Sie sich für den Abschluss der Meditationszeit ebenfalls ein Ritual. Das kann eine kleine Verbeugung sein oder ein kurzes Lied oder etwas ähnliches, das das Ende Ihrer Besinnungszeit markiert.

Wenn Sie die Dinge, über die Sie meditiert haben, nicht zu einem für Sie befriedigenden gedanklichen Abschluss bringen konnten, hadern Sie nicht mit sich.

Dies soll keine Zwangsveranstaltung sein. Druck haben Sie im Alltag bereits genug.

Sie können bei der nächsten Sitzung an dem Punkt anknüpfen, an dem Sie aufgehört haben.

Wer nicht über Meditationserfahrung verfügt, kann sich natürlich auch von erfahrenen Menschen anleiten lassen. Viele Klöster beispielsweise bieten regelmäßig Einführungen in die Meditation an. (19)

(15) Aus: Phil Bosmans, Mensch ich hab dich gern, Freiburg 2010, a. a. O., S. 22

(16) Aus: Anselm Grün / Petra Altmann, klarheit, ordnung, stille – Was wir vom Leben im Kloster lernen können, München 2007, S. 78

(17) Siehe hierzu auch: Petra Altmann / Odilo Lechner, Leben nach Maß – Die Regel des heiligen Benedikt für Menschen von heute, Freiburg 2009

(18) Aus: Johannes vom Kreuz, Worte von Licht und Liebe, a. a. O., S. 135

(19) Siehe hierzu auch: Petra Altmann, Atem holen im Kloster, Augsburg, 2. Aufl. 2011

VII. Warum nicht einmal ins Kloster?

Ein Schritt in eine unbekannte Welt – welche Vorteile das bieten kann

Wenn Sie Bedenken haben, in Ihrer häuslichen Umgebung nicht wirklich Abstand vom Alltag finden zu können, weil beispielsweise der Platz fehlt oder die familiäre Situation Ihnen zu wenig Freiraum gibt, sollten Sie sich einmal überlegen, nicht Ihr Zuhause zu einem Kloster zu machen, sondern tatsächlich für ein paar Tage als Gast ins Kloster zu gehen.

Inzwischen gibt es viele Ordenshäuser, die Gäste aufnehmen, sicherlich auch ein entsprechendes Kloster in Ihrer Nähe. (20) So könnten Sie auch räumlichen Abstand zu Ihrem Alltag gewinnen und zur Ruhe kommen. „Damit der Mensch in seiner Umgebung seine Form gewinnt und sich zu Hause fühlen kann, braucht eben alles um ihn herum seine Form. Deshalb wirkt sich nicht nur die Klosteranlage, sondern auch die Gestaltung des eigenen Zimmers auf die Seele und die Umgangsformen der Mönche aus", beobachtete Anselm Grün. (21)

Die Klosteranlage wirkt sich nicht nur auf die darin lebenden Nonnen oder Mönche aus, sondern auf jeden Menschen, der sie betritt. Wenn Sie noch niemals im Kloster zu Gast waren, könnten Sie sich so auf ein gewisses Abenteuer einlassen. Beim Durchschreiten der Klosterpforte wird Ihnen vermutlich eines sofort auffallen: die plötzliche Ruhe, die Sie förmlich spüren werden. Sie wird sich auch in Ihnen selbst sehr rasch ausbreiten. Zunächst werden Sie sich aber voraussichtlich einmal ausbremsen müssen, wenn Sic aus einem hektischen Alltag das Kloster aufsuchen.

Möglicherweise werden Sie erst etwas verunsichert sein und sich fragen, wie die Tage hier wohl vergehen können. Aber seien Sie offen, das Klosterleben wird auch auf Sie seine Wirkung haben. Und Sie haben so die Chance, nicht mit Ihrem Alltag konfrontiert zu werden.

Kein Telefon, kein Computer wird sie hier stören – vorausgesetzt, Sie schalten beides aus oder lassen die Geräte gleich zu Hause. Im Notfall sind Sie auch über das Festnetz des Klosters erreichbar.

Ein weiterer Vorteil des Klosterlebens: Viele organisatorische Dinge werden Ihnen hier abgenommen. Das Essen müssen Sie nicht einkaufen und nicht zubereiten, es wird Ihnen zu festen Zeiten serviert. Damit sparen Sie einige Stunden und gewinnen Zeit für sich. Um Haushaltsdinge müssen Sie sich hier nicht kümmern.

Diese Zeit ist ein Geschenk für Sie.

Der Tagesrhythmus ist vorgegeben. Die Phasen der Stille, die Gebetszeiten, die Phasen der Bewegung – dies alles können Sie für sich selbst nutzen. Die Erstellung eines eigenen Tagesplans ist eigentlich nicht mehr vonnöten. Sie werden also voraussichtlich viel mehr Zeit zu Ihrer freien Verfügung haben als zu Hause.

Ein weiterer wichtiger Aspekt: Die neue Umgebung kann Ihren Gedanken auf die Sprünge helfen und Ihnen neue Impulse geben. Überlegen Sie sich daher, ob ein Klosteraufenthalt nicht eine Alternative zum Kloster zu Hause wäre. Eine Alternative, die zudem auch preislich erschwinglich ist. Und keine Bange: Klosteranlagen mögen zwar manchmal von außen mittelalterlich anmuten, die Gästezimmer sind dies im Normalfall nicht. Die Räume verfügen meist über eigene Nasszellen und sind schlicht aber zeitgemäß ausgestattet.

Was erwartet mich hinter Klostermauern?

In Klöstern ist es wie in Privathäusern: Man spürt sehr rasch, welche Atmosphäre dort herrscht und welcher Umgangston gepflegt wird. Ordensleute sind eben Menschen wie wir alle und auch nicht vor Konflikten gefeit. Aber in der Regel wird man sehr freundlich und offen aufgenommen.

In jedem Fall ist es aber ratsam, sich eine ausführliche Liste mit Fragen zusammenzustellen, die Ihnen wichtig sind. Diese sollten Sie mit der Gastschwester oder dem Gastpater, die in jedem Kloster für die Betreuung der Gäste zur Verfügung stehen, im Vorfeld genau besprechen. So kann man unliebsamen Überraschungen vorbeugen.

Damit wird aber bereits eine Sache im Kloster deutlich, die eine Besonderheit gegenüber anderen Unterkünften ausmacht: Sie haben hier Gesprächspartner, die Ihnen zu bestimmten, vorher vereinbarten Zeiten auch für die Besprechung der Dinge zur Verfügung stehen, die Sie möglicherweise im Alltag belasten.

Als Gast sind Sie in der Regel auch zu den Gebetszeiten und Eucharistiefeiern eingeladen. Sie sind aber nicht zur Teilnahme verpflichtet. Auch dies ist ein Zeichen – vor allem für Menschen mit Vorbehalten: keine Angst vor Missionierung. Sie werden im Kloster nicht danach gefragt, wer Sie sind und wo Sie herkommen. Und schon gar nicht werden Sie darauf ange-

sprochen, ob Sie irgendeiner Religionsgemeinschaft angehö-
ren. Dies ist mir bei meinen vielen Klosteraufenthalten noch
nie passiert.

Ordensleute pflegen eine offene Gastfreundschaft, gemäß der
Regel des heiligen Benedikt: „Vor allem bei der Aufnahme von
Armen und Fremden zeige man Eifer und Sorge, denn beson-
ders in ihnen wird Christus aufgenommen." (22)

Ora et labora: Der klösterliche Tagesrhythmus als Sicherheitsnetz und heilende Kraft

Möglicherweise sind Ihre Tage sehr hektisch, bevor Sie Ihren Klosteraufenthalt beginnen können. Man kennt es ja, es ist wie vor dem Urlaub: Plötzlich müssen noch alle möglichen Dinge organisiert und auf die Reihe gebracht werden, bevor man in die verdiente Auszeit starten kann.

Der Beginn der Klostertage kann daher wie ein Sprung ins kalte Wasser sein. Man hat vermeintlich nichts mehr zu tun, ist für ein paar Tage nicht mehr gefragt, umgeben von Stille, und die Folge ist: Man wird unruhig.

Der klösterliche Tagesrhythmus, den Sie auch adaptieren sollten, wenn Sie Ihre Auszeit zu Hause verbringen, ist dann wie ein Korsett: Er gibt Ihnen Sicherheit und Halt. Wenn man in der freien Zeit möglicherweise erst einmal nichts mit sich anzufangen weiß, bietet dieser klösterliche „Stundenplan" ein Sicherheitsnetz.

„Ora et labora, ‚bete und arbeite' ist zu einer Kurzformel des Benediktinischen geworden. Das ‚und' verbindet zwei verschiedene Elemente zu einer Einheit. Die Regel gibt die Zeiten des gemeinsamen Betens an und gliedert so vom frühen Morgen und der Erwartung des Sonnenaufgangs bis zum

abendlichen Abschluss den ganzen Tag durch den Rhythmus des Gotteslobes." (23)

Dieser Rhythmus hat etwas Heilsames, und Sie sollten sich unbedingt einmal darauf einlassen. Die Riten, das Gebet, das Singen der Psalmen, die Meditation – all dieses hat eine beruhigende Wirkung. Sie bringt uns wieder auf den Boden zurück und sorgt dafür, dass wir uns nicht in irgend etwas verrennen. Die Gebetszeiten schaffen Abstand zu den Anforderungen des Alltags und umgekehrt.

Alles zur rechten Zeit und im rechten Maß.

Dies ist die Botschaft, die uns der klösterliche Tagesrhythmus mit auf den Weg gibt.

Und dieser Rhythmus hat eine ganzheitliche Wirkung: Er ist gut für Körper, Geist und Seele und gibt uns Gelassenheit. „Um das erste zu beobachten, die Gelassenheit, müssen Sie im Kloster so leben, als ob da sonst niemand mehr lebte … Das müssen Sie mit aller Kraft einhalten, denn dadurch werden Sie von vielen Sünden und Unvollkommenheiten frei werden und Ihre seelische Ruhe und Ausgeglichenheit bewahren, zu Ihrem großen Nutzen vor Gott und den Menschen." (24)

Wie weit bin ich Teilnehmer, wann nur „Zuschauer"?

Wie weit Sie in Ihrer kurzen Auszeit ins klösterliche Leben eintauchen möchten, hängt natürlich erst einmal von Ihrem persönlichen Interesse ab. Sie können sich ganz dem Tagesrhythmus der Ordensleute anvertrauen und an allen gemeinsamen Gebetszeiten teilnehmen, Sie können aber natürlich auch nur einzelne Zeiten wahrnehmen oder sich ganz ausklinken. In kleineren Konventen gibt es vielleicht sogar einmal die Möglichkeit, eine Eucharistiefeier mitzugestalten oder während einer Gebetszeit selbst als Vorleser zu fungieren. Dies müssen Sie bei Interesse vor Beginn Ihrer Auszeit im Kloster oder spätestens vor Ort klären.

Darüber hinaus können Sie in manchen Ordenshäusern stundenweise bei der Arbeit mithelfen. Dies können interessante Tätigkeiten sein, mit denen Sie im Alltag nicht in Berührung kommen. Denn wann hat man beispielsweise die Chance, einmal in einer Oblatenbäckerei zu wirken oder „Zwiebelzuckerl" herzustellen, die nachher im Klosterladen verkauft werden. Die Unterstützung der Nonnen und Mönche durch Ihre Arbeitskraft hat für Sie jedoch auch einen anderen Vorteil, nämlich, dass Sie näher mit ihnen in Kontakt kommen.

Bei gemeinsamen Arbeiten können Sie sich unterhalten und so mehr über das Leben der Ordensleute erfahren. Auch das fördert den Abstand zu unserem Alltag und lässt ihn aus der Distanz in einem anderen Licht erscheinen.

Ein weiteres Kriterium ist auch die Unterbringung. Wenn Sie in einem separaten Gästehaus wohnen, werden Sie die Nonnen oder Mönche vielleicht nur beim Chorgebet sehen. Kontakt haben Sie erfahrungsgemäß dann nur mit den Ordensleuten, die für die Gästebetreuung zuständig sind. Wenn Sie im Konventgebäude untergebracht sind, haben Sie eine größere Chance auf engeren Kontakt mit den Ordensleuten.

Grundsätzlich gilt: Je kleiner die Klostergemeinschaft, desto größer die Chance, mit den Schwestern oder Patres auch wirklich in engeren Kontakt zu kommen.

Die Klausur – Grenzen im Kloster

Die Klausur ist der ganz private Bereich der Ordensleute und so auch von den Gästen zu respektieren. Die Klausur (von lateinisch „claudere" = verschließen, absperren) darf nur von den Konventmitgliedern selbst betreten werden. Abgeleitet ist dieser Begriff von der Klause (lat./ma. „clausura" = Sperre, Verschluss), der Einsiedelei. Im monastischen Leben soll damit die Abgeschiedenheit von der äußeren Welt betont werden, die gewährleisten soll, dass man sein Leben auf den Dialog mit Gott ausrichtet. Im Mittelalter wurde der Begriff „Klausur" umfassender verwendet als heute. Man bezeichnete damit die gesamte Klosteranlage.

In unserer Zeit befinden sich im Bereich der Klausur in der Regel der Kreuzgang, der klösterliche Speisesaal, also das Mönchs- beziehungsweise Nonnenrefektorium, der Kapitelsaal als Versammlungsort der Konventmitglieder sowie die Klosterzellen, der private Wohnbereich der Ordensleute. Dorthin können sie sich zurückziehen und sind unter sich. Die Klausur ist auch traditioneller Schweigeort. (25)

Wie mir viele Ordensleute bestätigten, ist die Klausur aus ihrer Sicht in unserer Zeit wichtiger denn je. Durch die zahlreichen Gäste, die viele Klöster heute aufnehmen, und die generell größere Öffnung der Ordenshäuser nach außen benötigen Nonnen und Mönche einen Ort der Stille, an den sie sich zurückziehen und auftanken können. In ihren Zellen besuchen sich die Ordensleute in der Regel nicht einmal gegenseitig. Sie nutzen dafür die Gemeinschaftsräume.

Als Gast ist man verpflichtet, diese Privatsphäre zu respektieren, auch wenn man gerne einmal „hinter die Kulissen" schauen würde. Schließlich würden wir es zu Hause auch nicht schätzen, wenn Gäste unser Schlafzimmer beträten. Hin und wieder darf man als Gast heutzutage sogar in manchen Klöstern in der Klausur übernachten. Nachwuchsmangel hat zur Folge, dass Zellen leer stehen, in denen Gäste untergebracht werden. Allerdings in der Regel in Frauenklöstern nur weibliche und in Männerklöstern nur männliche Besucher.

Als Frau im Männerkloster oder umgekehrt – welche Verhaltensregeln gibt es?

Heute ist es fast die Regel, dass die Klöster sowohl männliche als auch weibliche Gäste aufnehmen. Es gibt fast in jedem Ordenshaus auch Doppelzimmer, die von Paaren genutzt werden können. Nach einem Trauschein wird dabei vorher übrigens nicht gefragt. Manche Klöster bieten sogar Apartments für Familien an.

Aber Sie möchten ja alleine ins Kloster und brauchen daher nur ein Zimmer für sich selbst, wenn Sie Abstand vom Alltag nehmen möchten.

Als Grundsätze für Ihr Verhalten gelten die „Hausregeln", nämlich die Klausur sowie die traditionellen Schweigebereiche – Refektorium des Konvents, Klausur und Kreuzgang – zu respektieren. Es ist möglich, dass Sie als Frau im Männerkloster oder umgekehrt nicht bei der Arbeit mithelfen dürfen, wenn diese im Klausurbereich ausgeführt werden muss. Das sollten Sie vorher klären.

Betätigungsfelder gibt es dabei genug. Bei größeren Ordenshäusern, die auch eigene Wirtschaftsbetriebe haben, gibt es dort vielfach Gelegenheit mitzuhelfen. In der Abtei Münsterschwarzach beispielsweise werden Gäste bei Bedarf in der

Gärtnerei eingesetzt. In anderen Häusern kann man in der Küche mithelfen oder auch in Klostershop oder Klosterbuchhandlungen zur Hand gehen bei Arbeiten, für die keine besonderen Qualifikationen erforderlich sind.

Manche Klöster behalten sich vor, Gäste nur dann mitarbeiten zu lassen, wenn sie sich über einen längeren Zeitraum dort aufhalten. Eine Einarbeitung für wenige Tage ist oft zu zeitaufwendig, in Zeiten kleiner Klostergemeinschaften können die Nonnen oder Mönche dies nicht leisten und erledigen ihre Arbeiten dann manchmal lieber selbst.

Wenn Sie also Interesse daran haben, sich im Ordenshaus nützlich zu machen, sprechen Sie dies vor Ihrem Aufenthalt detailliert ab. Manchmal reduziert sich auch der Preis für die Klostertage, wenn man die Ordensleute bei der Arbeit unterstützt.

Ansonsten haben sowohl Mönche als auch Nonnen keine Berührungsängste mit dem anderen Geschlecht, und Sie dürfen daher auch an den Gebetszeiten und den Eucharistiefeiern teilnehmen.

(20) Siehe hierzu auch unter www.orden.de den Link „Atem holen / Kloster auf Zeit"

(21) Aus: Anselm Grün / Petra Altmann, klarheit, ordnung, stille, a. a. O., S. 36

(22) Aus: Die Regel des heiligen Benedikt, a.a.O., Kap. 23, 15

(23) Aus: Odilo Lechner / Petra Altmann, Leben nach Maß, a. a. O., S.35

(24) Aus: Johannes vom Kreuz, Worte von Licht und Liebe, a. a. O., S. 164 f.

(25) Siehe hierzu auch: Petra Altmann, 101 Fragen – Orden und Klosterleben, München 2011

VIII. Für den Alltag gerüstet

Wer suchet, der findet: Was jeder für sich persönlich aus dem „Kloster zu Hause" herausfiltern kann

Den Abstand vom Alltag kann man in vielfältiger Weise gestalten, wie die Anregungen in diesem Buch zeigen. Die Interessens- und die Ausgangslage ist für jeden sehr unterschiedlich, deshalb sind die hier aufgezeigten Impulse als Bausteine zu sehen, aus denen man sich sein Programm für die ganz persönliche Auszeit zusammenstellen kann.

Wichtig ist es aber in jedem Fall, sich vorher genau zu überlegen, wie man diese Zeit für sich nutzen möchte. Ein Grundsatz sollte jedoch immer gelten: Drei Tage sind keine Ewigkeit. Nehmen Sie sich daher nicht zu viel vor, sondern suchen Sie sich einen Interessensschwerpunkt aus, der Mittelpunkt in diesen Ferien vom Alltag sein soll. Wenn Sie sich zu viele Ziele setzen, laufen Sie Gefahr, sich unter Druck zu setzen. Und davon haben Sie ja vermutlich im Alltag bereits genug.

Ein kleines Ziel, das vielleicht der Anfang für eine Veränderung in Ihrem Alltag sein könnte, genügt bereits. Ziel kann es beispielsweise auch sein, einfach einmal in den Tag hineinzuleben. Für Menschen, deren Alltag völlig durchgeplant ist und die kaum Atem holen können, geschweige denn Zeit für sich haben, ist dies eine außergewöhnliche Erfahrung. Andere Menschen haben vielleicht den umgekehrten Anspruch, nämlich etwas mehr Struktur in ihren Alltag zu bekommen. Auch dies kann man anhand eines „klösterlichen" Tagesrasters einmal ausprobieren.

Eigentlich ist alles das erlaubt, was Sie sich selbst erlauben. Eines sollte aber an oberster Stelle stehen: sich in diesen Tagen bewusst Gutes zu tun. Wenn Sie Ihren Schwerpunkt auf Bewegung setzen, werden Sie auch Ihren Geist erfrischen und Ihre Seele erfreuen. Wenn Sie der Lektüre frönen und den Geist fordern, gibt dies auch Impulse für Seele und Körper. Und wenn Sie „Seelenmassage" betreiben und Ballast loswerden möchten, beflügelt dies auch Ihren Geist und wirkt anregend auf Ihren Körper.

Dieses ganzheitliche Prinzip ist Basis des Klosteralltags, und es fördert ein Leben in Balance. Ein Leben nach Maß, wie es der heilige Benedikt formulierte.

Bereiten Sie daher Ihre wertvolle Zeit so gut wie möglich vor. Legen Sie rechtzeitig den Termin fest, wenn nötig in Abstimmung mit den Menschen, die von Ihrer Auszeit betroffen sind. Blockieren Sie diese Tage in Ihrem Kalender und lassen Sie sich nicht von Ihrem Vorhaben abbringen.

Denken Sie immer daran: Diese Tage sind ein sehr wertvolles Geschenk für Sie.

Ein Geschenk, das Sie sich selbst gönnen.

Probieren Sie es einfach einmal aus und schauen Sie, wie es Ihnen dabei geht, wenn Sie auch mal in einer ungewöhnlichen Form Abstand vom Alltag nehmen. Vielleicht fühlen Sie sich danach so gut, dass Sie diesen ersten Test zu einer dauerhaften Einrichtung im Jahreslauf machen möchten.

In jedem Fall sollten Sie nach Ihrer Auszeit Bilanz ziehen. Dabei kann wieder ein kleiner Fragebogen behilflich sein.

Bilanz / Verbesserungsmöglichkeiten

Was war meine positivste Erfahrung in diesen Tagen?

....

....

Welche Überraschungen gab es?

....

....

Wie fühle ich mich jetzt?

....

....

Habe ich meinem Körper genügend Gutes getan?

....

....

Habe ich meinen Geist gefördert?

....

....

Wie geht es meiner Seele?

....

....

War der Tagesablauf für mich optimal?

....

....

War der Ort gut?

....

....

Habe ich einen geeigneten Zeitpunkt gewählt?

....

....

War ich „ungestört"?

....

....

Worüber habe ich mich am meisten gefreut?

....

....

Was ist verbesserungswürdig?

....

....

Was spüre ich am Ende dieser Auszeit?

....

....

Termin für die nächsten Tage, in denen ich „Abstand vom Alltag" nehmen möchte.

....

....

Wer offen ist für Neues, kann aus dieser kurzen Zeit Beachtliches schöpfen. Vielleicht schreiben Sie sich am Ende Ihrer Auszeit auch einen Brief, in dem Sie Ihre Gedanken und Gefühle festhalten. Kleben Sie ihn zu und senden Sie ihn nach drei Monaten an sich selbst ab. So können Sie sehen, wo Sie zu diesem Zeitpunkt stehen, und sich daran freuen, wenn Sie schon einige Schritte weitergekommen sind. Und übrigens: Es

ist sehr spannend, auch einmal Post von sich selbst zu bekommen. Wenn Sie während Ihrer Auszeit Tagebuch geführt haben, ist es sehr spannend, dieses nach einigen Monaten wieder zur Hand zu nehmen. Spätestens vor den nächsten Tagen, in denen Sie sich „Abstand vom Alltag" gönnen, sollte dies geschehen. So können Sie die Vorplanung optimieren.

Ein paar Highlights für den zukünftigen Alltag: Welche „klösterlichen" Erfahrungen lassen sich integrieren?

Natürlich kann man seinen Alltag nicht von heute auf morgen umkrempeln, aber man kann in drei Tagen Abstand doch kleine Ansätze finden, um verkrustete Strukturen zu erkennen und etwas Neues in Gang zu setzen. Denn es reicht nicht, sich drei Tage im Jahr Gutes zu tun, und danach wieder in seinem Alltagstrott zu versinken.

Wer offen ist für Neues und auch sich selbst gegenüber eine ehrliche Bilanz nach dieser kurzen Auszeit zieht, wird mit Sicherheit etwas finden, was besonders gut getan hat. Vielleicht hat sogar etwas funktioniert, von dem man nicht glaubte, dass es machbar ist. Und möglicherweise handelte es sich dabei um ein klösterliches Prinzip. Der bewusste Tagesbeginn in Form einer kurzen Lektüre beispielsweise oder der Tagesabschluss mit einer Meditation, in der Sie das Erlebte noch einmal Revue passieren lassen konnten. Vielleicht hat Sie auch überrascht, dass der monastische Tagesrhythmus mit dem Wechsel zwischen Aktivitäts- und Ruhephasen durchaus in etwas abgewandelter Form auch in Ihren persönlichen Alltag zu integrieren ist.

Der klösterliche Lebensrhythmus baut auf Traditionen, die sich über Jahrhunderte bewährt haben.

Viele Abläufe sind ritualisiert. Diese Riten geben Halt.

Davon können auch wir Menschen außerhalb der Klostermauern profitieren.

Die Grundidee hinter einem Abstand vom Alltag ist eindeutig: Wir müssen immer wieder einmal innehalten, damit wir im täglichen Hamsterrad nicht durchdrehen und uns selbst verlieren.

Machen Sie sich daher eine kleine Notiz, wenn Sie aus Ihrem „Kloster zu Hause" zurückkehren. Sie sollte nur einen Punkt beinhalten:

Welchen kleinen Schritt möchte ich in meinem Leben innerhalb der nächsten zwölf Monate verändern?

Sie können sich diese Notiz an Ihren Schreibtisch heften oder den Badspiegel kleben, dann ist sie immer präsent. Genauso gut können Sie sie auch zur Seite legen und nach einem halben Jahr oder spätestens zu Beginn Ihrer nächsten kleinen Auszeit wieder hervorholen. Dann können Sie abgleichen, was sich verändert hat, und sich Gutes tun, wenn Sie mit Freude feststellen, dass sich doch einiges bewegt hat in Ihrem Leben.

Und noch etwas sollten Sie schriftlich festhalten: Legen Sie eine Liste an mit den positiven Aspekten in Ihrem Leben. Ich bin sicher, diese Liste wird ziemlich lang, wenn Sie sich Mühe geben. Immer, wenn es Ihnen mal nicht so gut gehen sollte, können Sie diese Liste hervorholen. Ganz rasch werden Sie dann merken, dass es selten Grund zur Klage gibt, es kommt nur auf die Betrachtungsweise an.

Jeder ist selbst dafür verantwortlich, sich Gutes zu tun.

Anhang

Register

Veröffentlichungen von Dr. Petra Altmann

- Heilfasten nach der Klostermethode, München 2008
- Atem holen im Kloster, Augsburg, 2. Auflage 2011
- Wohlfühltipps aus dem Kloster, München, 2. Aufl. 2009
- Die Kraft der Klosterkräuter – mit Schwester Fidelis Happach, München, 2. Aufl. 2010
- klarheit, ordnung, stille – Was wir vom Leben im Kloster lernen können – mit Pater Anselm Grün, München 2007 (als Audiobook: Hamburg 2008)
- Oasen für jeden Tag, München 2008
- Gesunde Ernährung aus dem Kloster – mit Schwester Fidelis Happach, München 2008
- Wie Mönche und Nonnen leben, Münsterschwarzach 2009
- Leben nach Maß – mit Abt Odilo Lechner, Freiburg 2009
- Backen in der Klostertradition – mit Äbtissin Gertrud Pesch, München 2009
- Lebe wertvoll & gut – Ein Wertekompass für alle Tage, München 2010
- Aufbruch in die Stile, Freiburg 2010
- Vom Wert der Werte, Hünfelden 2010
- 101 Fragen – Orden und Klosterleben, München 2011
- ABC der Dankbarkeit, Freiburg 2011

Weitere Informationen unter www.dr-petra-altmann.de